JN058508

シリーズ　ダイバーシティ経営

Series Diversity Management

責任編集　佐藤博樹・武石恵美子

仕事と介護の両立

池田心豪［著］

中央経済社

「シリーズ　ダイバーシティ経営」刊行にあたって

現在，ダイバーシティ経営の推進や働き方改革が本格化し，企業の人材活用のあり方が大きく変わり始めている。それによって，職場における施策やマネジメントのみならず，労働者個人の働き方やキャリアのあり方においても対応が迫られている。こうした状況を踏まえ，本シリーズは，著者らが参画するプロジェクトの研究成果を土台とし，「ダイバーシティ経営」に関する基本書として刊行するものである。本シリーズで「ダイバーシティ経営」とは，多様な人材を受け入れ，それぞれが保有する能力を発揮し，それを経営成果として結実させるという戦略をもって組織運営を行うことを意味している。各巻は，働き方改革，女性活躍のためのキャリア支援，仕事と子育て・介護の両立，管理職の役割といったテーマで，ダイバーシティ経営に関わる実態や課題に関する内外の主要な研究動向を踏まえるだけでなく，それぞれのテーマに関する主要な論点を取り上げ，「ダイバーシティ経営」に関わる研究者や実務家の方々に対して有益な情報を提供できるものと確信している。

上述のプロジェクトは，中央大学大学院戦略経営研究科に産学協同研究として設置された「ワーク・ライフ・バランス＆多様性推進・研究プロジェクト」(2014年度までは東京大学社会科学研究所の「ワーク・ライフ・バランス推進・研究プロジェクト」）で，2008年10月に発足し，共同研究に参加している企業・団体（2020年度現在30社・団体）と研究者が連携し，プロジェクトのテーマに関わる課題について，調査研究や政策提言，さらに研究成果を広く普及するための成果報告会等を行ってきた。当初は「ワーク・ライフ・バランス」をメインテーマに掲げ，職場における働き方改革や人材マネジメント改革について検討を進めてきた。2012年度からは，テーマを「ワーク・ライフ・バランスと多様性推進」へと広げ，働き方改革を含めて多様な人材が活躍できる人事制度や職場のあり方について議論を進めてきた。人材の多様性に関しては，女性，高齢者，障害者，LGBT等を取り上げ，多様な人材が真に活躍できる人事制度のあり方や，働き方を含めた人材マネジメントのあり方について検討を進めてきている。検討にあたっては，アンケート調査やインタビュー調査等データ収集と分析を行い，エビデンスを重視して，法制度や企業の人事施策，職場マネジメント，さらには働く人々個人に対する提言等の発信を行ってきた。

これまでの研究成果は，第１期：佐藤・武石編著『ワーク・ライフ・バランスと働き方改革』（勁草書房，2011年），第２期：佐藤・武石編著『ワーク・ライフ・バランス支援の課題』（東京大学出版会，2014年）を，第３期：佐藤・武石編著『ダイバーシティ経営と人材活用』（東京大学出版会，2017年）として順次書籍を刊行してきている。

本プロジェクトにおける研究は，プロジェクト参加企業との連携により実施したものが多く，また，研究結果はプロジェクトの研究会において常に実務家にフィードバックして意見交換をすることにより，現場の実態や課題認識に裏付けられることを重視してきた。プロジェクト参加企業の担当者の皆様のご協力やご意見が，本シリーズの成果に繋がっていることに心からお礼を申し上げたい。

最後に，本書の出版に際しては，株式会社中央経済社社長の山本継氏，編集長の納見伸之氏，担当の市田由紀子氏と阪井あゆみ氏にお世話になった。記してお礼を申し上げたい。

2020年６月

責任編集　佐藤　博樹
武石恵美子

はじめに

介護は個別性が高く，多様であるとよくいわれる。要介護者の症状は様々であるし，介護者の家族構成も様々である。いつまで介護が続くのかも分からない。標準的な姿を描くことができないのだから，介護の実態に即した両立支援制度をつくることは至難の業である。そもそも誰が介護をしているのか，本人がいわなければ家族以外の者には分からない。だから，仕事と介護の両立支援は対策のしようがない。

筆者も最初はそのように思っていた。しかし，そう思うのは，育児と同じ発想で介護をみているからだと徐々に気づくようになった。

労働政策研究・研修機構（JILPT）の研究員になった１年目に，介護休業制度の利用状況を調査して欲しいという厚生労働省からの要請研究を担当したのが，このテーマとの出会いであった。まずは事例調査から始めたが，介護休業の取得者をみつけること自体が当時は容易ではなかった。働きながら介護をした経験のある人に何人会っても介護休業を取っていないという。１人みつけるのがやっとだった。次に家族介護者を対象としたアンケート調査で介護休業取得実態をとらえようとしたが，やはり取得者が極端に少ない。

政策担当者も予想していた通り介護休業取得者は少ないということは分かったが，なぜ少ないのか，この問いに答えるには取得者があまりに少なかった。育児休業と同じく仕事を休みにくいからなのか。だが，育児休業と比べても介護休業の取得者は極端に少ない。なぜこんなに少ないのか，不思議で仕方がなかった。

そのときに，ふと頭に浮かんだのが，そもそも介護のために長期休業は必要なのかという問いである。事例調査に協力してくださった方々は何らかの形で介護のために仕事を休んだ経験はあった。しかし，法定の介護休業期間である３か月も休む必要があったというわけではない。介護休業が想定する緊急対応や態勢づくりのために仕事を休んでも１～２週間で復職していた。その程度の期間なら未消化の年次有給休暇（年休）で足りる。どうやら介護は育児と事情が違うようだ。その前提で介護問題をみるようになると，その実態がよく理解できるようになった。

「介護は個別性が高く，多様である」というのは確かにそうであるが，育児のイメージにとらわれずに介護者の話を聞くと，意外とよく似た経験をしていることにも気づく。標準的な姿を描くことができないというのも，育児を念頭に置いた場合の標準的な姿ということであり，そのイメージに引きずられなければ，介護についても標準的な姿を描くことはできる。

育児では語られていない介護に特有の問題もみえてきた。日中の介護のために仕事を休む必要がなくても，深夜の介護で体力的に追い詰められていき，結果として出勤はしているが思うようには働けていないという問題を発見したのである。介護においては付きっ切りで献身的にケアをすることが良いとは限らないということも，介護は育児と違うということを意識すると納得できる。

育児・介護休業法は，育児と介護をともに家族的責任として並べているが，両者は似て非なるケアなのである。その違いを踏まえて，介護問題をとらえることにより，適切な仕事と介護の両立支援のあり方がみえてくる。

「介護は育児と違う」。これが本書の唯一のメッセージであり，各章の内容はその具体例である。なお，育児との違いを際立たせるため，介護の内実については，その多様な実態を十分に取り上げられているとはいえない。たとえば，育児・介護休業法は高齢者介護だけでなく障がい者介護も対象にしているが，本書では高齢者介護に焦点をあてている。また，高齢者介護についても，その多様性を十分に取り上げているとはいえない。この点は今後の課題としたい。

本書は，これまで数多くの方々にご指導・ご助言をいただいた賜物である。責任編集者の佐藤博樹教授（中央大学大学院）と武石恵美子教授（法政大学）には本書の執筆機会をいただいただけでなく，これまで研究会等で何度も議論をさせていただいた。お二人との議論が本書のところどころに反映されている。お二人のみならず，中央大学大学院戦略経営研究科「ワーク・ライフ・バランス＆多様性推進・研究プロジェクト」での研究者や企業の皆様との対話から得られた着想も多々ある。労働政策研究・研修機構においては私が新人研究員としてこの研究を始めた当初にご指導いただいた今田幸子統括研究員（当時）なくして現在の私はないと思っている。労働研究と政策研究を一から教えていただき，介護休業制度に関する初期の研究では事例研究からアンケート調査まですべてご指導いただいた。その労働政策研究・研修機構との最初の接点をご紹介くださった東京工業大学大学院社会理工学研究科価値システム専攻（VALDES）の指導教授である今田高俊先生のゼミで「支援」や「ケア」等の概念を理論的に学んだことが，筆者の研究の基礎となっている。近年においてはSue Yeandle教授（Sheffield大学）との出会いが研究活動の範囲を大きく広げる契機となったが，その縁で共同研究をしている新名正弥准教授（田園調布学園大学）と山口麻衣教授（ルーテル学院大学）には福祉研究者の立場から有益なコメントを数多くいただいた。ワーク・ライフ・バランスというが，ワーク（労働）の専門家とライフ（福祉）の専門家は同じ介護という現象をみていても着眼点が異なるため，勉強になることばかりである。育児・介護休業法等の政策については，元厚生労働省雇用均等・児童家庭局職業家庭両立課長の中井雅之氏（現労働政策研究・研修機構総務部長）に筆者の理解が適切であるか点検していただいた。ほかにも名前を挙げたらキリがないほど多くの方々からご指導・ご助言を賜った。皆様にこの場を借りて謝意を表したい。

そして，これまで筆者の調査にご協力いただいた方々にも，深く感謝申し上げたい。不躾な筆者の質問に嫌がることなく誠実にご回答くださり，ときには苦しい胸の内も語ってくださったことが，本書の血肉となっている。

本書が，家族の介護をしながら働くこと，働きながら家族の介護をすることについて理解を深める一助となれば幸いである。

2021年１月18日

池田心豪

目　次

「シリーズ　ダイバーシティ経営」刊行にあたって

はじめに

序　章　介護離職が経営課題に　1

1　企業に広がる介護不安 ―― 1
2　介護離職は氷山の一角 ―― 3
(1)　潜在的な問題　3
(2)　誰もが介護と向き合う時代へ　4
(3)　「育児・介護休業」がもたらす誤解　9
3　介護は育児と違う ―― 11
(1)　発想の転換を　11
(2)　介護リスクの諸特性　13
(3)　問題の構造　15
4　多様性と柔軟性が鍵 ―― 20
(1)　必殺技より合わせ技　20
(2)　本書の構成と各章の概要　21

第1章　仕事と介護の両立問題の背景　27

1　高齢者介護問題のとらえ方 ―― 27
2　介護の脱家族化と再家族化 ―― 29
(1)　日本は介護問題先進国　29
(2)　家族主義の介護政策　31
(3)　介護保険制度による脱家族化の試み　35

(4) 介護の再家族化 38

3 高齢者介護というケアの特徴 41

(1) 子どものケアと大人のケア 41

(2) 要介護者の自立を尊重する 43

(3) 自立支援という思想 47

4 企業に対する社会の期待 48

(1) 慢性的な支援者不足へ 48

(2) 高齢者介護の特徴を踏まえる 49

第2章 育児・介護休業法の考え方 53

1 法律が定める企業の責任 53

2 2016年改正法の考え方 55

(1) 1995年制定法と介護の実態 55

(2) 2016年改正法の方針 57

3 制度設計の考え方 60

(1) 緊急対応のための介護休業 60

(2) 働くための介護休業 63

(3) 介護休暇と介護保険の手続き 67

(4) 勤務時間短縮の必要性 68

4 なるべく仕事ができることを基本に 71

(1) 大きく1回より小さく複数回 71

(2) 法定を上回る制度の考え方 72

第3章 両立支援制度の利用と介護保険サービス 75

1 少ない制度利用者 75

2 介護休業・短時間勤務のニーズ —— 77

(1) 低い介護休業ニーズ 77

(2) 短時間勤務のニーズも低い 81

3 介護保険サービスとの関係 —— 83

(1) サービス利用手続きに要する期間 83

(2) 在宅介護サービスの利用時間 86

(3) 介護保険制度と家族介護の関係 92

(4) 家族と専門家の介護役割 95

4 介護保険制度を前提とした両立支援 —— 100

(1) 家族も介護をするという前提 100

(2) 家族の介護役割は不定形 101

第4章 通常勤務と介護 103

1 通常勤務で介護と両立するための課題 —— 103

2 介護の長期化に対応した働き方の柔軟性 —— 105

(1) 在宅介護の長期化にともなう離職 105

(2) 離職を抑制する働き方 107

(3) テレワークの活用 111

3 健康問題の仕事への影響 —— 112

(1) 介護者の健康状態悪化による離職 112

(2) 離職していなければ両立できているか 115

(3) 介護疲労が仕事に及ぼす影響 118

(4) 男性に顕著なプレゼンティーズム 120

(5) 勤務時間外の介護負担に注意を 123

4 持続可能な介護と働き方 —— 126

(1) 通常の働き方を見直す 126

(2) 仕事と介護を健康的に両立する 128

第5章 コミュニケーションを起点にした両立支援 131

1 企業からみえにくい介護 131
2 事前の心構えが大事 133
(1) いきなり始まる介護に備える 133
(2) 企業による事前の情報提供の位置づけ 134
(3) 情報提供の離職抑制効果 137
3 介護の相談ができる仕組みづくり 141
(1) 職場で介護のことを話せるか 141
(2) 勤務先以外にも相談する機会をつくる 144
4 実効性ある両立支援に向けて 149
(1) 両立支援のハードとソフト 149
(2) 日頃が問われる 150

第6章 さらなる少子高齢化への対応 153

1 介護者不足の時代へ 153
2 介護者不足の帰結 155
(1) 単身介護者の離職問題 155
(2) 多様化する両立支援のニーズ 159
3 要介護者とのかかわり方の多様性 162
(1) 献身的介護と自立重視的介護 162
(2) 自立重視的介護と短時間勤務 167
(3) 遠距離介護と転勤問題を考える 168
4 これからの家族介護と企業の役割 170
(1) 新しい家族主義の時代へ 170
(2) 介護支援と就業支援 172

参考文献　175

索引　181

序章

介護離職が経営課題に

1 企業に広がる介護不安

本書の目的はダイバーシティ経営の課題の一つとして従業員の介護問題を位置づけ，企業における仕事と介護の両立支援の考え方を示すことにある。

高齢人口の増加を背景に家族の介護による従業員の離職（介護離職）に危機感をもち，仕事と介護の両立支援を経営課題として認識する企業が目立つようになっている。しかしながら，具体的に何をすれば良いか分からずに戸惑う企業は少なくない。法律として企業が講ずべき両立支援は育児・介護休業法（育児休業，介護休業等育児又は家族介護を行う労働者の福祉に関する法律）に規定されているが，同法が両立支援の柱と位置づける介護休業の取得者は少なく，多くは年休等，別の方法で仕事を休みながら介護に対応している。そのため，従業員が実際にどのような困難に直面し，どのような両立支援を求めているのか，多くの企業が問題を把握できていない。そのことが従業員の介護に関する企業の不安を高めているようである。本章では，育児と同じ発想で介護をとらえることがこの問題を正確に把握する目を曇らせている可能性を示し，「介護は育児と違う」という前提に立って仕事と介護の両立支援に取り組むことの重要性を示す。

育児・介護休業法という法律の名称にも表れているように，これまで育児と介護は，仕事と家庭の両立支援というテーマで一緒に議論されることが多かった。しかし2010年代に入る頃から，徐々に育児とは別の独立した問題として企業の関心が介護に向けられるようになっている。たとえば，東京都が2014年に行った「仕事と介護の両立に関する調査」では，調査対象である中小企業（従業員数30人以上300人未満）の約１割が仕事と介護の両立支援を「重要な経営課題」として回答しており，「やや重要な経営課題」という回答を含めると，約半数の企業が重要な経営課題として認識していた。日本経済団体連合会（経団連）は2018年に『仕事と介護の両立支援の一層の充実に向けて～企業における「トモケア」のススメ～』という報告書を公表し，仕事と介護の両立支援の考え方や企業の取組み事例の情報を発信している。

家族介護が経済活動に及ぼす影響に対する懸念は国の政策にも反映されるようになり，「骨太の方針2016」（内閣府，2016）では経済対策の１つとして「介護離職ゼロ」が掲げられ，その問題の重要性が広く認識されるようになっている。こうした時代の流れを受けて2016年の育児・介護休業法改正では，介護を正面から取り上げ，仕事と介護の両立支援制度を大幅に改定している。

だが，従業員の介護について企業が抱える問題意識に具体性があるかというと，多くの場合はそうとはいえないようだ。介護離職が問題だと人事担当者はいうが，従業員が介護離職をして実際に困ったという企業はまだ少ない。女性の出産退職については自社に経験があり，両立支援の取組みにより，退職者が減ったことを実感している企業がいくつもある。しかし，介護については経営課題として問題意識をもっている企業であっても，具体的な両立支援の取組みはあまり行われていない。たとえば，前述の東京都の調査において仕事と介護の両立支援を「重要な経営課題」と回答している企業の約半数は両立支援に「取り組んでいない」という。

このような介護離職に関する企業の問題意識と実際の対策行動の間に乖離が生じる理由は，多くの企業にとっての介護問題が「今そこにある危機」ではないからである。それより「将来の不安」という意味合いが強い。まだ具体的に何か起きているわけではないが，これから企業経営にかかわる問題が起きるかもしれない，そのような不安が広がっている。従業員が直面するであろう介護に課題を感じていても，まだ何か起きているわけではないから何をしたら良いのかわからない。そのような不安をもって本書を手にした読者もいることだろう。本書を通じて，この不安を少しでも取り除いていただきたい。

以下では，序章として企業にとっての介護不安がどこから来るのか，問題の背景をまず確認しておきたい。なお，育児・介護休業法は高齢者介護に問題を限定しておらず，障害者介護も対象に含まれる。だが，近年の介護問題への関心の高まりは高齢人口の増加を背景としていることから，本書でも高齢者介護を対象にする。また，仕事については従業員を雇用する企業の視点に立っているため，雇用就業を対象にする。特に基幹労働力である正規従業員の中に家族の介護をする者（介護者）が増えていることが企業の不安を高めていることから，正規従業員を念頭に置いている。

2　介護離職は氷山の一角

(1)　潜在的な問題

仕事と介護の両立に関する問題は，介護離職の問題としてしばしば語られる。政府は「介護離職ゼロ」を掲げているが，民間にも「介護離職のない社会を目指す会」という市民運動団体がある[1]。だが，不安先行の問題意識という観点からあらかじめ述べておくなら，介護離職は氷山の一角である。離職という顕在化している現象の水面下にある，まだみえていない部分の問題が大きい。

たとえば，今現在，表に現れてみえている離職者は多いか少ないかといえば少ない。わが社には介護離職者はいない，介護休業取得者もいない，だから介護問題はないという企業もあるだろう。しかし，試みに従業員にアンケート調査をしてみたら，多くの従業員が介護に直面した場合に離職する意図をもっていたり，介護休業は取っていないが，実はもう家族の介護をしている実態が明らかになったりしている。そうした潜在的な問題が調査研究によって明らかになったことが，企業の介護不安を高める一因になっている。

しかし，問題意識がない状態から問題意識をもったことによって高まる不安は建設的な不安である。問題の性質を理解し，適切な対策を講ずることで不安は解消する。水面下の氷山はどうなっているのか，企業からみえないところで何が起きているのか，実態を正確に把握したいという問題意識が介護問題への関心を高め，解決に向けた情報収集へと企業を走らせているようだ。潜在的な介護離職者を事前に把握し，離職を未然に防ぐための方法も本書は示している。

氷山の一角という比喩で，もう１つ指摘しておきたいことがある。それは，「離職」という問題も，仕事と介護の両立という大きな問題群，つまり氷山の一角に過ぎないということである。また，離職防止策としての「休業」という方法も氷山の一角に過ぎない。広く人々に認知されているという意味で表に出ている「離職」や「休業」という問題以外に，あまり認知されていないという意味で水面下に潜む問題が介護にはある。

離職されたら困る，休業を取って仕事に穴をあけられたら困る，そのような悩みをもつ企業に筆者は次のように問いかけたい。介護をしていても離職をしなかったら，あるいは休業を取らなかったら，企業にとって問題ないといえますか。答えはノーである。離職は，仕事と介護の両立困難の最終的な帰結であり，数ある問題の１つに過ぎない。結果として離職する場合でも，その前に企業経営にとって看過できない問題がいろいろと起きている。そもそも介護はいつまで続くか予想がつかない。介護に疲れ果てて万策尽きたそのときに要介護者が亡くなって離職を逃れたという話もある。その疲れ果てていく過程で，仕事は思い通りにできていたのかという問いをもつことが重要である。

⑵　誰もが介護と向き合う時代へ

企業に限らず，日本社会において介護が重要な社会問題として認識されている最も大きな理由は，いうまでもなく少子高齢化である。戦後の日本社会は急速に高齢化し，すでに日本の高齢化率は世界一である。だが，介護問題は「団塊の世代」が歳を重ねていくこれからが本番である。男性は75歳，女性は80歳を超えると要介護者が大幅に増えるといわれているが，1940年代後半生まれの「団塊の世代」が75歳を超える2025年以降，日本社会は急増する介護負担に耐えていけるのか，そのような不安の声が日本社会の各所で聞かれる。

企業においては，特に男性介護者の増加が，介護問題への不安を大きくしている。(以下で，介護者という場合は家族・親族を介護する者を指している。) 袖井（1989），前田（1998），春日（2001），大和（2008）等が問題にしてきたように，介護は長く女性の役割とされてきた。今日でも介護者の多くは女性であるが，男性の介護者も目立つようになっている。このことが，企業の介護問題への関心を高めている面がある。厳密にいうと男性として出現している基幹従業員に介護者が増えていることが企業の危機感の背景にある。

図表序-1をみよう。上段は総務省「平成29年就業構造基本調査」(2017年) において把握された介護をしている雇用者の実数を，男女別および雇用形態別に示している。はじめに雇用形態計の人数をみると，男性（1267.2千人）より女性（1732.0千人）の方が多い。しかし，下段に示す雇用形態の比率をみると女性は60.1％が非正規従業員であり，正規従業員は35.1％にとどまる。一方，男性は63.1％が正規従業員であり，その人数を表の上段でみると約80万人(799.9千人）である。介護をしている雇用者の中で最も多いのは女性の非正規従業員（1041.0千人）であるが，男性の正規従業員は２番目に多い。さらに，同じ正規従業員の女性（608.1千人）も３番目に多く，結果として，介護をしている正規従業員と非正規従業員は男女計で1408.0千人対1360.3千人である。ほとんど差がないといって良いが，正規従業員の方がわずかに多い。その正規従業員の多数派が男性なのである。

なお，介護をしているといっても男性はそれほど重い負担のある役割を担っていないのではないかと思うかもしれない。だが，介護離職者数を定期的に把握している総務省「就業構造基本調査」によれば，現在，年間に約10万人いる

図表序-1　**介護をしている雇用者の男女別・雇用形態別人数と構成比率**

		会社役員	正規従業員	非正規従業員	雇用形態計
介護者数(千人)	男性	148.1	799.9	319.3	1267.2
	女性	82.9	608.1	1041.0	1732.0
	男女計	231.0	1408.0	1360.3	2999.3
雇用形態比率	男性	11.7%	63.1%	25.2%	100.0%
	女性	4.8%	35.1%	60.1%	100.0%
	男女計	7.7%	46.9%	45.4%	100.0%

出所：総務省「平成29年就業構造基本調査」(2017年) をもとに筆者作成

といわれる介護離職者の１～２割は男性である。男性は介護をしているといっても手伝い程度という時代ではなくなっているのである。

春日（2010）や平山（2014・2017）等，男性介護者の困難や苦悩・問題を扱った調査研究も増えている。そのさきがけは津止・斎藤（2007）である。「コーヒー１杯入れたことがなかった」という男性が家事と介護を全面的に担うことで直面する困難を描き出しつつ，男性介護者の増加が実子や配偶者による介護の増加という戦後日本社会の長期的変化の帰結であることを示した。著者等は2009年に「男性介護者と支援者の全国ネットワーク」（男性介護ネット）を設立しているが，全国の当事者団体や集いは100を超えている（斎藤，2015）。そして，斎藤（2015）は男性介護者をつなぐ地域での取組みが「孤立を予防するという側面だけではなく，介護者支援を含む新しい介護・政治システムを構築するための活動拠点としての役割を担いつつある」ことを指摘し，「職場に自分の介護を隠し続けるのではなく，介護しながら働き続けられる新しい企業風土を，男性自身がつくっていけるだろうか」という問題提起をしている（斎藤，2015 p.45）。仕事中心的な企業社会の中核にいた男性が切実な家庭生活の問題と向き合うことにより，企業社会全体の体質改善につながっていくことが期待されているのである。

企業においても，男性介護者の増加を，仕事と介護の両立という１つの問題に留めず，女性活躍や働き方改革というダイバーシティ経営全般を推進する起点として考えることができるだろう。

男性介護者が増えたことにより，企業経営の屋台骨を支える人材が介護問題に直面するようになっているが，これは男性だけの問題に留まらない。**図表序-1**の下段（雇用形態比率）の男女計において正規従業員（46.9％）と会社役員（7.7％）を合計すると企業にとって基幹的な雇用者は５割を超える。企業にとっては，この比率の方が男女比よりも重要である。前述のように男性は介護をしている雇用者の約６割が正規従業員であるが，これに会社役員（11.7％）を加えると約７割になる。だが，女性においても，正規従業員（35.1％）と会社役員（4.8％）を合わせると約４割になる。今後，女性活躍推進が進めば，この正規従業員と会社役員の比率は上昇していくだろう。そのような状況で介護を担う女性が増えれば，やはり企業にとっては頭の痛い問題になるに違いない。

女性の就業と家族のライフサイクルの関係を分析した前田（1998）は，育児期の女性のフルタイム就業を支えてきた同居親が年老いて介護を必要とするようになると，反対に女性の就業にマイナスの影響を及ぼすことを明らかにしている。これを今日の女性活躍の文脈に引きつけて理解するなら，出産・育児期にキャリアを継続して管理職に昇進しようというタイミングで女性従業員が介護を理由に離職してしまう，そのような可能性があるということである。

女性が活躍するほど，実績と経験を積んだキャリア後半の離職は本人のみならず企業にとっても痛手であるに違いない。男性の中高年においては，すでに管理職や経験豊富なベテラン従業員が少なくない。**図表序-２**は介護をしながら働く正規従業員の年齢構成を示しているが，男女とも50代が約45％を占める。長い期間をかけて育成と選抜を繰り返し，人材として成熟した従業員の離職は男女にかかわらず企業にとって大きな痛手だろう。

加えて，介護は中高年だけの問題ではなくなっていることにも留意したい。再び**図表序-２**をみると男女とも50代が全体の約45％を占めている。「45-49歳」も約15％あり，「40-44歳」に比べて顕著に高くなっている。だが，「30-39歳」

図表序-２　**介護をしている正規従業員の雇用形態別・年齢構成比率**

	正規従業員		
	男性	女性	男女計
30歳未満	4.4%	7.1%	5.6%
30-39歳	9.1%	10.2%	9.6%
40-44歳	9.3%	8.4%	8.9%
45-49歳	15.7%	15.5%	15.6%
50-54歳	21.4%	22.0%	21.7%
55-59歳	25.8%	22.9%	24.5%
60-64歳	10.4%	9.0%	9.8%
65-69歳	2.9%	3.2%	3.0%
70歳以上	1.0%	1.7%	1.3%
年齢計	100.0%	100.0%	100.0%

出所：総務省「平成29年就業構造基本調査」（2017年）

が男女計で約10%,「30歳未満」も男女計で約５%おり，これらを合計すると30代以下が約15%を占める。

老親介護を想定した場合，子である従業員が20代や30代で若くても親が高齢であれば要介護状態になる可能性は高くなる。のみならず，祖父母の介護をする孫の存在も目立ち始めている。たとえば三世代同居しているが，親も高齢で祖父母の介護を担える状態にはないため，孫である自分が介護をしているというケースがみられるようになっている。

なお，30代や40代前半はちょうど子育て世代にあたることにも留意する必要がある。かつて想定されていたように，子育てが一段落した後に介護に直面する，子育て支援を受けた親が年老いて介護をすることになるという順序を必ずしも想定できなくなっている。子育てをしながら介護をする「ダブルケア」に直面することが珍しくなくなっている。

また，入社したとき（あるいは就職活動のとき）から家族の介護をしているヤングケアラーも現れはじめている。ヤングケアラーとは介護を担う若者をいうが，就学中に介護に直面することによって就職はもとより，学校に通うことも十分にできないという問題に直面している（渋谷，2018)。企業においては入社したときから介護が就業の制約となる。

労働政策研究・研修機構（2013）のYDさん（男性）は大学１年生のときに父親が要介護状態になり，大学院を卒業してメーカーに新卒入社した時点で介護者であった。当初は会社の寮に住んでいたが，自宅通勤になってからは夕方から夜にかけて具合が悪くなることが多かった父の介護と仕事の両立を図るため，コアタイムが10時から15時のフレックスタイムを利用して朝６時半ごろに出勤し15時半に仕事を終えて帰宅する生活をしていた。介護に割く時間が長くなると，職場の飲み会等にも行くことがなくなり，同僚たちとの交流がまったくなくなってしまった。会社で浮いていたかもしれないという（労働政策研究・研修機構，2013 p.163)。

こうしたヤングケアラーがいるという前提で従業員のキャリア管理を考えるなら，飲み会等も含めて若い時には時間の制約を気にせず様々な経験をしながらキャリアの礎を築くという発想は改める必要があるだろう。

家族の中で介護者が多様化している背景は後の章で詳しく検討するが，結論だけ先にいえば，介護は老若男女を問わず，誰もが向き合う問題になりつつある。そして，今後介護者が増えていく中で従業員にきちんと働いてもらえるのだろうか，そのような不安が企業に広がりつつある。

⑶　「育児・介護休業」がもたらす誤解

企業が介護に不安をもつ３つ目の理由は，問題のとらえどころがはっきりせず，両立支援として何をしたら良いのか分からないというところにある。

企業には仕事と家庭の両立支援制度の基本的な枠組みを育児・介護休業法に依拠して設計しているところが多い。育児・介護休業法は，1991年に制定された育児休業法に介護の規定を加えて1995年に制定されている。その目的は介護離職の防止にあり，その柱として３か月（93日）の介護休業を企業に義務づけている。事業主は育児・介護休業法にもとづく介護休業の申し出が従業員からあった場合に原則としてこれを拒否できない。就業規則等に介護休業の規程を設けてない場合でも，労働者は法律にもとづいて介護休業を取得できるという意味で企業に義務が課せられている。

なお，期間を定めて雇用される労働者（有期契約労働者）は介護休業の対象外とされているが，以下の①②の要件をともに満たす場合は有期契約労働者であっても介護休業を取ることができる。①当該事業主に雇用された期間が過去１年以上（勤続１年以上）であること，②93日経過日から６か月を経過する日までの間に，その労働契約（更新がある契約の場合は更新後のもの）が満了することが明らかでない者。つまり，勤続１年が経過し，かつ通算93日の介護休業終了予定日から６か月未満で退職することが雇い入れ時点で決まっていない場合は有期契約労働者であっても介護休業を取ることができる。

社会保険労務士や行政の窓口等の専門機関でも，まずはこの法律に沿った制度を整備するよう助言や指導が行われている。では，育児・介護休業法に沿った制度を整えて，介護休業を取りやすくすれば離職は防げるだろうか。そうは言い切れないところに，介護問題の難しさがある。

実は介護をしながら働く者の中で，介護休業の取得者は極めて少ない。介護のために仕事を休む者は少なくないのだが，多くは年次有給休暇（年休）等，介護休業以外の方法で休んでいるという実態がある（袖井，1995；労働政策研究・研修機構，2006a；厚生労働省雇用均等・児童家庭局，2015）。介護休業を取る従業員がいないから家族の介護に直面している従業員がいないとはいえないのである。離職を申し出てきたときに初めて何年も家族の介護をしていた事実が明らかになるということもある。もっと早くに相談してくれたら離職を防げたかもしれないのにという人事担当者の後悔の声もたびたび耳にする。

「隠れ介護」という言葉があるが，企業からみると，従業員の誰が介護に直面しているのか，具体的な特定が難しい。その意味で，従業員の家族介護は企業からみえにくく，その実態をつかみにくい。それゆえ，育児・介護休業法に沿った一通りの両立支援制度を整えている企業でも，これで大丈夫という確信をもちにくい。では，企業の両立支援として何をしたら良いだろうか。それが分からないからなおさら不安だということにもなる。

このように仕事と介護の両立において支援制度と実態の乖離が起こる一つの原因は，企業が家族のケアの原型として育児を参照して介護問題を考えようとしているところにある。この先入観が従業員の介護の実態をとらえる企業の目を曇らせている側面がある。

前述のように育児・介護休業法は育児休業法に介護の規定を追加する形で制定された。つまり，介護休業は先に育児との関係で制度化されていた長期休業制度を介護に応用する形で作られた。育児と同じように介護においても家族のケアのために出勤できなくなって離職を余儀なくされるだろう，しかし長期休業を取ることができれば離職を回避できるだろうという想定で制度が設計されているのである。同じ発想で，出勤しながら家族のケアに対応する制度として，短時間勤務やフレックスタイム等，勤務時間を柔軟にする制度（勤務時間短縮等の措置）が企業の選択的措置義務として規定されている。

もちろん育児休業と介護休業の期間は異なるし，勤務時間短縮等の措置の規定も細かい部分では異なる。詳細は第２章で述べるが，介護休業は家族以外の者が介護を代替できない一時的な緊急事態に対応し，その後の介護と仕事の両立を図るための準備をすることを想定した休業である。したがって，育児休業と同様に考え，直接的なケアを想定して３か月を超える介護休業期間を議論することは制度の趣旨からはずれている。

それでもなお，「介護離職をゼロにするために介護休業を取得できるようにしよう」という問題意識の持ち方は，「出産退職を減らすために産休・育休を取りやすくしよう」という問題意識とよく似ている。政府による「骨太の方針2016」でも「介護離職ゼロ」のための施策の１つとして介護休業の取得促進が挙げられていた（内閣府，2016 p.10)。そのように考えて良いのか，否，むしろそのように考えているから介護に固有の問題を見失って不安になるのではないだろうか。

実は，介護は育児とかなり性質が異なる。その性質の違いが，育児を参照して設計された両立支援制度の収まりを悪くしている。育児・介護休業法というように「育児・介護」と併記していることが誤解を生んでいるのかもしれない。生まれて間もない子どもを育てるために育児休業が必要になるのと同じように，介護においても付きっ切りでケアをするために介護休業が必要という想定が，そもそも間違っている。実効性のある仕事と介護の両立支援を行うためには，育児からの類推ではなく，介護を正面からとらえ，育児とは異なる介護の特徴を踏まえた両立支援を行う必要がある。

3　介護は育児と違う

(1)　発想の転換を

育児と介護は似ていると考えると問題を見失うのなら，育児と介護は違うという前提で最初から考えてみよう。筆者はあるとき，そのように思い至った。

育児においては，産後まもない乳児のケアのために職場を離れる必要があり，それが許されなければ両立困難の帰結として離職する。つまり，乳幼児の子育てと仕事の両立問題は「出勤できない→仕事の責任を果たせない→離職」という図式で表せる。「出勤できないから仕事の責任を果たせなくなる」「仕事の責任を果たせなくなると離職をする」ゆえに「出勤できない状況でも離職しなくて済む両立支援制度が必要」という論理である。その観点から，育児休業や子の看護休暇，短時間勤務といった制度が企業に義務づけられている。

介護は育児と違うのだから，まずは「出勤できる」という前提で考えてみる。すると，介護休業を取らずに年休等で仕事を休むことにも納得がいく。それほど長い期間の休業は取らず，なるべく出勤しながら短期間だけ仕事を休むということである。短時間勤務はしないで残業を調整しながら仕事との両立を図ることにも納得できる。育児と同じ発想で介護をみると，介護休業を取らないことに違和感をもつが，介護は育児と違うという前提で考えると介護休業を取らないことが不思議ではなくなる。

しかし，出勤できていれば，仕事の責任を果たせているといえるだろうか。つまり，介護休業を取る必要がないから仕事の責任を果たせているといえるだろうか。また，出勤できるということは職場から完全に離れてしまう離職をする必要もないということになる。だが，離職していなければ仕事の責任を果たせているといえるだろうか。どうやら，そういうわけではなさそうだということが分かってきている。その意味で，介護離職者や介護休業取得者がいない企業でも介護問題がないとはいえない。問題はどのような形で仕事の責任を果たせていないかということにある。

介護は育児と違い，出勤できるが，仕事の責任は果たせていないという問題が起きる。では，それは何だろうかと考えてみる。

ヒントになる考え方として，近年，健康経営において注目されているプレゼンティーズム（presenteeism）という概念を紹介したい。反対語はアブセンティーズム（absenteeism）であり，もともとあったのはこちらの概念である。

アブセンティーズムとは病気休暇で仕事を休むことによって仕事の能率が落ちるという問題を指している。従業員が出勤できずに仕事の責任を果たせないという意味では両立支援における休暇・休業の問題と似ている。では，出勤していれば仕事の責任を果たせているかと問うのがプレゼンティーズムである。プレゼンティーズムとは，出勤はしているが，健康状態が原因で仕事の責任を十分に果たせていない状態を指す。そして，東京大学政策ビジョン研究センター健康経営研究ユニット（2016）等の研究によって，企業経営に対する健康問題の影響としてはアブセンティーズムよりもプレゼンティーズムの方が大きいということが明らかになってきている。

実は介護との関係でもプレゼンティーズムは起きている。介護疲労の影響である。介護疲労の問題は仕事を離れた家庭生活の場面でたびたび問題になる。ときには自殺や虐待・殺人という痛ましい事件の原因としても取り上げられる。だが，そこまでの疲労をもたらす介護をしながら，仕事だけはきちんとできていると考えるのは不自然だろう。介護疲労が蓄積した状態で出勤した結果，仕事の能率が低下するという問題が起きているのである（労働政策研究・研修機構，2015）。健康状態がさらに悪くなって病気やけがをすれば，離職につながっていく可能性もあるが，その前段階で出勤はしているが仕事の責任は果たせていないという問題が起きている。企業経営にとって看過できない問題だろう。

「介護は育児と違う」という前提で介護の実態をとらえ直すことにより，育児との関係では取り上げられてこなかった新しい問題がみえてくるのである。介護問題を適切にとらえるためには，育児と同じ発想で介護問題をとらえてしまう先入観をリセットし，柔軟な発想で介護の実態をみることが重要である。

(2)　介護リスクの諸特性

もう少し具体的に問題を考えてみよう。西久保（2015）は，筆者と同じように，高齢者介護（特に老親介護）と育児は違うという認識に立ち，企業にとっての高齢者介護のリスク特性を以下の９タイプに整理している。

①　時間的予測困難性

要介護状態の発生と終了があらかじめ見通せないこと。

②　経済負担の予測困難性

介護の長期化にともなって介護保険外のサービス利用料金や遠距離介護の交通費等の費用支出が累計でどのくらいになるか予測できないこと。

③　同時多発性

両親が同時に要介護状態になったり，自分の親と配偶者の親が同時に要介護状態になったりすることによって仕事との両立が困難になること。

④　負担逓増性

要介護者の加齢とともに症状が悪化して介護負担が増すこと。

⑤　介護者の高職位性[2]

介護者となる中高年層には，上級管理職等，中核人材として部門内のリーダーシップを発揮する立場にいる者が含まれている可能性が高いこと。

⑥　空間的分離性

「遠距離性」ともいい換えられる遠距離介護による両立の困難。

⑦　複雑な当事者性

誰が主介護者となり，家族とどの程度の分担が可能であるか，介護に携わる人的体制が曖昧・複雑・流動的であること。

⑧　要介護者との葛藤

要介護者に介護についての好き嫌いや拒否したい点がある場合に，介護者との間でコンフリクトが起きること。

⑨　投資効果の差異

「介護に優しい企業」であることの対外的な経営効果が明確でないこと。

これらはいずれも育児と異なる介護の性質をとらえている。最後に挙げられる「投資効果の差異」は従業員が直面する介護の性質というよりは介護問題に企業が取り組むことで期待できる派生的な効果の問題であるため，他と分けて理解した方が良いだろう。

なお，介護に優しい企業をつくることはみんなに優しい企業をつくるということにつながる。「介護に優しい」は対外的なPR効果が小さいかもしれないが，「みんなに優しい」「誰もが働きやすい」というのはPRできるだろう。

というのも，仕事と介護の両立の可否は，両立支援制度もさることながら通常の働き方に左右されるところが大きいからである。普段から残業が少なく，休暇を取得しやすい働き方をしていれば，「介護のための残業免除」や「介護休暇」という特別な制度に頼る必要性は低い。このことが介護問題をみえにくくしている面はあるが，介護休業や短時間勤務のような特別な制度を拡充しなくても，日頃からの備えで介護離職を予防できる場合があるということである。また，前述のように介護者が中高年の女性だけなく男性や若い年代にも広がってきているのであるから，特定の性別と年齢に限られる問題ではなくなっている。そのような意味で，家族の介護をしながら働きやすい企業は老若男女を問わず働きやすいということができるだろう。

⑶　問題の構造

従業員が直面する介護という営みの問題構造を企業側の視点で整理してみると**図表序-3**のように表すことができる。

図の横軸は時間軸として介護期間の長さを表している。介護は要介護状態の推移が多様であるため，どのような状態がいつまで続くかわからない。子どもの発達に沿って先の見通しを立てやすい育児と異なる介護の大きな特徴の一つである。また，子どもは産後まもない乳児期に最も手厚いケアを必要とし，時間の経過とともに親の手を離れていく。反対に，介護は時間の経過にともなって要介護状態が重くなり手厚いケアを必要とするようになる。そのような育児と介護の違いは離職時期にも表れており，出産・育児期の退職は，初期つまり妊娠・出産期が最も多く，介護は長期化するほど離職率が高くなる（池田，

図表序-3　仕事と介護の両立問題の三層・三次元構造

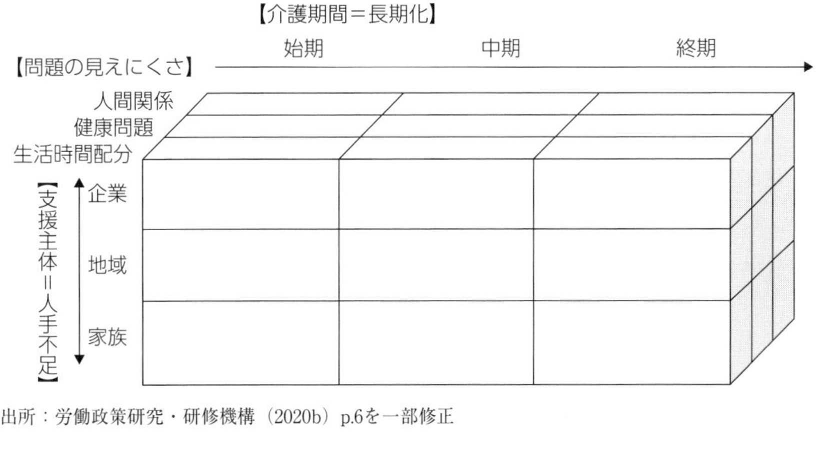

出所：労働政策研究・研修機構（2020b）p.6を一部修正

2010；労働政策研究・研修機構，2006a・2007・2015・2016)。

西久保（2015）の「時間的予測困難性」「経済負担の予測困難性」「負担逓増性」はここに関係する。経済的困難の問題は介護サービスや家族との費用分担に関係するという意味で，「支援主体」として示した「企業」「地域」「家族」の「地域」と「家族」の問題にかかわるといえよう。

では，仕事と介護の両立が難しくなる原因は何かと問うと，問題は三層になっている。最も表面化しやすいのが，仕事と介護の生活時間配分である。育児・介護休業法は，この生活時間配分の面での両立を支援しているといえる。介護に時間を割くために仕事の時間を減らさなければならない，そのために出勤できないという事態に対応して，介護休業・介護休暇・勤務時間の短縮等の措置という形で介護者を支援している。

1995年制定時の介護休業は，要介護状態が発生した始期において家族以外の者が介護を代替できない緊急事態に対応することを想定して設計されていたが，介護が長期化すると，在宅介護から施設介護に移行したり，最初の原因疾患とは別の疾病で入院したりと，介護態勢を再構築する必要が生じる。さらに終期においては高度な医療を提供し得る病院やホスピスへの転院等により，介護態勢の再々構築の必要が生じる。このような想定で2016年改正法から，始期・中期・終期に概ね１か月間の休業を３回取得するという想定で介護休業を分割取得できるようになった。また，日常的な介護において出勤前・帰宅後の介護に時間を割けるよう，勤務時間短縮等の措置の期間を拡大し，所定外労働の免除を新設した。介護休暇は通院等の付き添いのために2009年改正法から法制化されている。介護期間を通じて仕事と介護の生活時間配分の調整を支援することで離職を防止しようという枠組みになっている。

矢島（2015）が明らかにしているように，この生活時間配分の観点から企業に求められる支援は，「長時間労働の抑制」「休暇取得や支援制度が利用しやすい環境整備」「上司の理解」であり，子育て支援に必要な環境整備とあまり違わない。だが，長期休業よりも「必要な時に短期の休暇取得や時間の調整が図れること」，つまり仕事を休んで介護に専念するより，出勤しながら介護に対応できる支援の重要性が高いという違いはある（矢島，2015 pp.62-63)。

しかしながら，より大きな違いとして，前述のように，出勤できていても仕事の責任を果たせていないという問題が介護にはある。その典型がプレゼンティーズムにつながる健康問題である。このプレゼンティーズムは，物理的には職場に来て仕事に従事しているため，職場を離れて不在になる生活時間配分の問題よりも企業は把握しにくい。仕事中に事故や重大な過失を起こして初めて問題が顕在化するということもある。そうなっては手遅れだろう。最近元気がないと思って上司が事情を聞いてみたら介護疲労が蓄積していたという話もある。

この健康問題の観点から，介護に時間を割くためというよりは，生活時間のゆとりをもつために育児・介護休業法の規定する制度を使うという介護者に筆者は話を聞いたことがある。通常勤務でも仕事と介護の責任を果たしていけるが，そのような生活は体力的・精神的に余裕がないという場合に，介護休業や短時間勤務により，少し仕事を減らすという考え方である。

反対に，介護を適度に休むという人もいた。休日に昼寝をする，要介護者をショートステイに預けて旅行に行く，そのようにして介護の疲れを癒すのである。介護はいつまで続くかわからないし，介護が長期化するほど介護の負担は重くなる。途中で倒れてしまわぬよう，介護者の健康に注意する必要がある。そのために企業ができることは何かという視点をもつことが重要である。

さらにもう１つ奥に人間関係の問題がある。家族や地域，職場の人間関係が良好であれば，それだけ仕事と介護を両立するための支援を得やすい。だが，家族や地域の人間関係は企業からみえにくい。特に家族関係には両立を支援する方向に機能するとは限らない複雑さがある。西久保（2015）のいう「複雑な当事者性」と「要介護者との葛藤」はこれにあたるが，問題の中心にあるのは要介護者との関係である。介護は育児と違ってケアを受ける家族との関係が多様である。子育てにもかかわり方の濃淡はあるが，１人で生活できない子どもに付き添って養育するという親子関係の基本は同じである。一方，介護には，あまり干渉しない自立した関係もあれば，少しのことでも気にかけ助けるという関係もある。

ある企業の人事担当者から「お母さんの介護があるから転勤したくないとい

う従業員がいるのだけど，そのお母さんがつくった弁当を毎日もってきているらしい。本当にお母さんは介護が必要なのか疑っているのだが，どうだろう」という相談を受けたことがある。私の答えは「一概にはいえない」。日常生活に多少の手助けが必要でも料理ができる程度であれば，転勤で離れて暮らすことになっても大丈夫という考え方もあるし，料理はできてもほかに手助けが必要なことを考えたら離れて暮らすのは不安という考え方もある。兄弟姉妹がいたとしても，そのお母さんを代わりにみてくれる良好な関係であるかもわからない。だから，本人に詳しい事情を聞いてみるしかないと答えた。

同じ家族構成で同じ要介護状態でも，どのような介護をどこまでするかは，その家族の人間関係による。健康問題は元気がない，顔色が悪いという外見から把握することもできるが，人間関係はさすがに上司や同僚がみて分かるという話ではない。事情をよく聞いてみて初めて把握できる問題であるが，その人間関係が仕事を休んだり，勤務時間を減らしたりしてまで介護をするか否かの態度を決めているところがある。

これらの問題に対して，本書では企業による支援に焦点をあてるが，実際の両立は企業だけでなく，地域の介護サービスや家族との介護分担等，多方面からの支援によって可能になる。最近はケアプランの作成にあたってケアマネジャーと話し合うべきことをカードにして従業員にもたせる企業がある。家族との関係についても，いざというときに円滑に連携を図れるよう事前の準備段階からコミュニケーションを促すようセミナーで従業員に伝えている企業もある。厚生労働省でも同様のツールを開発している。

このような企業・地域・家族の連携は放っておいてもできるわけではない。地域の介護サービスの中核にある介護保険制度は，要介護者を利用者としているため介護を担う家族，企業で働く介護者の要望に応えなければならないという義務はない。家族においても親の介護は子どもがしなければならないという義務はない。ここも育児と事情が異なる。

保育サービスも本来は児童福祉政策である。その目的は親ではなく子どもの福祉であるが，少子化対策として親のニーズに応えることが政策的に重要視されている。介護においても少しずつ介護者支援という問題意識が広がり始めているが，介護保険制度にもとづく介護サービス（介護保険サービス）の利用にあたって，こちらから何もいわなくてもケアマネジャー等が介護を担う家族の要望を聞いてくれるということはない。

家族との関係においても，育児は夫婦という閉じた関係のもとで妻が仕事のために育児をできないのなら夫がしないといけない。1999年に「育児をしない男を，父とは呼ばない」という旧厚生省のコピーが話題になったが，老親介護においても「介護をしない男を，息子とは呼ばない」といえるだろうか。家族だから介護をしないといけないと誰もが思っているわけではない。両親のどちらかに介護の必要が生じた場合，もう片方の親が元気なら子どもである自分は介護を免れよう，兄弟姉妹がいるならなおさら自分は介護を免れようと考える者がいても不思議ではないだろう。

さらにいうなら，企業の両立支援，地域の介護サービス，家族の介護分担のいずれも，人手が足りているわけではないということに留意する必要がある。

核家族や単身者が増えて家族の規模は縮小している。介護を分担したくても分担する家族がいないという人もいる。介護サービスは財政制約から供給拡大を期待できなくなりつつある。特に施設介護の大幅な拡大は望める状況ではない。要介護者の数に比して介護者の人数が足りなくなれば，西久保（2015）のいう「同時多発性」や「空間的分離性（遠距離性）」のリスクは高くなるだろう。企業においても，ギリギリの人員で仕事をやり繰りしていれば，いつでも仕事を休んで良い，残業しなくて良いということにはならない。しかし反対に，仕事をするために誰かに介護を頼めるかというと，いつでも頼めるというわけでもなくなってきている。「困ったら家族に」「困ったらサービスに」と安易に考えることはできなくなりつつある。

要するに，日本社会は，企業・地域・家族の三方において支援者が不足していく「トリプルダウンサイジング支援社会」（労働政策研究・研修機構，2020b）に向かっている。そうしたお互いに余裕があるわけではない状況で，企業の両立支援・地域の介護サービス・家族の介護分担の接合を良くすることでより良い支援を行うことが重要になっているのである。

4　多様性と柔軟性が鍵

(1)　必殺技より合わせ技

介護は育児と異なるという前提に立つことで，企業が両立支援をするときに必要となる姿勢は「多様性」と「柔軟性」という言葉に集約できる。

多様性というのは，まさにダイバーシティ経営のダイバーシティ（diversity）であるが，育児よりも個々のケースの多様性が大きいため，両立困難の性質も多様であるということである。

これは，育児における育休のような「必殺技」が介護にはないということを意味している。育児においては，たとえば大多数の女性にとって育休取得率が出産退職率に直接影響することから，両立支援制度の期間を延ばし，その利用者数を増やす，その意味で制度にかかわる数字を大きくする方針で両立支援を行ってきた。一方，介護においては，介護休業のような特定の制度の利用を促進すれば介護離職をゼロにできるという単純な話ではない。介護休業によって回避できる両立困難もあれば，介護休業では回避できない両立困難もある。離職していなければ仕事と介護を両立できているともいえない。両立支援のニーズに多様性があるため，１つの制度を大きく分厚いものにするより，多様な制度を柔軟に利用できることが重要となる。「必殺技」でズバッと解決というよりは，状況に合わせて「合わせ技」を駆使する柔軟性が求められる。

もう一つ，両立支援に求められる柔軟性は発想の柔軟性である。従来の両立支援の発想を引きずった硬直的な発想では，介護に直面している当事者が現実的に直面している問題を見過ごしてしまうことがある。合わせ技のバリエーションを増やし，多様な両立困難に対応するためには，柔軟な発想で問題をとらえる必要がある。制度の評価についても，仕事と介護の両立支援は制度ごとに利用者数が分散するため利用者が少ないから必要性が低いと一概にはいえない面がある。この点でも，発想を柔軟にする必要がある。

このような留意点を踏まえるなら，仕事と介護の両立支援の実施にあたっては，企業が号令をかけて従業員に制度の利用を促すようなトップダウン方式よりも，従業員の声に耳を傾けて柔軟に対応するボトムアップ方式の方が適している。また，両立支援制度の趣旨等，介護に直面したら誰もが共通して知っておくべきことはあるが，実際の制度の利用にあたっては，個々の多様な介護の実情を踏まえる必要がある。両立支援制度を利用せず，通常勤務の中で両立を図ることができる場合もある。その意味では，全員一律の集団的管理よりも個別管理の方が良いといえる。

このボトムアップ方式の個別管理においては，従業員一人一人の要望を引き出すことが鍵となる。企業からの働きかけは，その呼び水と考えた方が良い。従業員には，企業の働きかけに応じて両立支援制度を利用するという受け身の姿勢ではなく，自ら企業に事情を伝え，上司や同僚等との対話を通じて両立問題の解決を図る自立性が求められる。家族が要介護状態にあるという意味では同じ問題に直面していても，必要な両立支援は一人一人異なるのだから，自身にとって有効な「合わせ技」は，企業だけでなく家族やケアマネジャー等とも相談しながら，従業員が自ら考える必要がある。

そのような意味で従業員の自立性を養うことが，ダイバーシティ経営として介護問題に取り組む意義の一つであるといえる。企業からみえにくいところに潜むリスクに対処し，問題解決のために自ら動ける人材を育てる契機として介護問題を位置づけてみると，介護以外にも様々な課題がみえてくることだろう。

⑵　本書の構成と各章の概要

筆者自身，多様な介護問題をとらえる発想の柔軟性を高めるために，長い年月を費やし，少しずつ新しい介護問題のとらえ方を身につけてきた。そのキーフレーズが「介護は育児と違う」である。これを頭の中で繰り返すことでみえてきた筆者なりの介護問題のとらえ方を示すことで，読者にも柔軟な発想で問題をとらえてほしいという願いを込めて本書はつくられている。

したがって，本書は，仕事と介護の両立について，すでに多くの人が共有している「標準的な考え方」を網羅的に示すというスタイルにはなっていない。「男性介護」「息子介護」「シングル介護」「遠距離介護」「認知症介護」「ダブルケア」等にも言及しているが，これら次々と出てくる新しい介護問題のすべてを解説することに主眼を置いてもいない。そうした本はすでにたくさん出ている。筆者自身も，仕事と介護の両立に関する実用書を監修したことがある（池田監修，2014b)。また本シリーズを企画した「ワーク・ライフ・バランス＆多様性推進・研究プロジェクト」の過去の研究成果においても，仕事と介護の両立について多くの知見や提言が出されている（佐藤・武石編，2014・2017；ワーク・ライフ・バランス推進・研究プロジェクト，2012・2013；ワーク・ライフ・バランス＆多様性推進・研究プロジェクト，2015)。これに対して，本書では，介護に関する新しい知識を身につけることではなく，新しい考え方を身につけることを目的とし，その要点を各章で示している。

第１章「仕事と介護の両立問題の背景」では，日本の福祉体制というマクロな視点とケアの性質というミクロな視点から，介護問題が育児とは異なる背景をもっていることを示す。福祉体制は前出の**図表序-３**における支援主体の役割を規定する政策の外枠である。また，ケアの性質は人間関係の根源にある。ここを起点に企業が両立支援に取り組むときの留意点を示す。

日本では家族が介護をすることが自明のように思われているが，国際的にみると家族ではなく，公的サービスや市場サービスで介護に対応している国もある。日本でも「介護の社会化」（脱家族化）を目指して介護保険制度を導入したが，財政上の制約から近年は「介護の再家族化」が起きつつある。このことが企業に両立支援の拡充を迫る背景要因になっているが，高齢者は乳幼児と違い，もともと自立した大人であるため，多くの場合は付きっ切りで献身的にケアをする必要はない。そうした介護の特徴を踏まえて両立支援を行うことが重要である。

こうした大きな枠組みを前提に，第２章「育児・介護休業法の考え方」では介護休業等，育児・介護休業法が規定している仕事と介護の両立支援制度が，どのような考え方で設計されているのかを示す。育児・介護休業法は前出の**図表序-３**に示した問題構造のうち生活時間配分の問題に対する企業の両立支援制度を定めており，介護の長期化に対応した制度の整備を進めている。

特に仕事と介護の両立支援制度を大幅に見直した2016年の育児・介護休業法

改正を詳しく取り上げる。この改正の考え方として，一見すると育児支援と共通しているようにみえる制度であっても，その背後にある考え方は育児と異なっていること，具体的には，育児のようになるべく家庭に時間を割くのではなく，反対になるべく出勤できるように制度設計を行っていることを示す。つまり，休暇・休業の日数を増やしたり，短時間勤務を義務化したりして仕事から離れる時間を長くするのではなく，休暇・休業から早く仕事に戻れるようにし，所定労働時間はなるべく働けるようにするという発想で柔軟に制度を利用しながら介護に対応できる方向で制度改正が行われている。

さらなる育児・介護休業法の改正として2021年から介護休暇の時間単位取得が可能になるが，この改正も同じ考え方にもとづいている。取得単位を細かく柔軟にすることで，介護の用件が済んだらなるべく早く仕事に戻ることを支援しているのである。その意味でも，今後の仕事と介護の両立支援制度のあり方を考える上で重要なポイントが2016年改正に集約されている。

第３章「両立支援制度の利用と介護保険サービス」では，介護休業と短時間勤務という育児支援ではよく利用されている２つの制度を取り上げ，介護においてはその利用者が少ない理由を介護保険サービスとの関係に着目して示す。問題の性質としては第２章と同じく生活時間配分を取り上げるが，支援主体における企業と地域の関係に焦点をあてる。

介護保険制度のもとで在宅介護サービスを利用しやすくなったことが介護休業のニーズを低下させている面がある。また，勤務時間についても介護サービスとの組み合わせ方には多様性があり，短時間勤務ではなくフレックスタイムや時差出勤で対応している例もある。しかしながら，今後においては介護保険サービスの供給制約によって家族が直接的に介護を担う範囲が拡大していく可能性がある。これによる両立支援のニーズに対応することが重要になるであろう。

第４章「通常勤務と介護」では制度から少し離れ，介護をする前と同じように働きながら，仕事と介護の両立を図ることに焦点をあてる。前出の**図表序-３**の問題構造における介護期間の問題に焦点をあて，生活時間配分と健康問題を取り上げる。

前述したように介護はいつまで続くかわからない。そうであるなら，いつまでも続けられる方法で両立支援を行うことが望ましい。その観点から，なるべく通常の勤務をしながら介護に対応できるようにすることを推奨したい。しかし，出勤はしていても介護疲労により，仕事のパフォーマンスが落ちている可能性，つまりプレゼンティーズムの問題が生じている可能性がある。育児をモデルにした従来の両立支援は，生活時間配分の観点から労働時間管理に目を向けてきたが，介護問題からみえてくる新たな両立支援の課題として健康管理の問題を提起する。

第５章「コミュニケーションを起点にした両立支援」では，両立支援の実効性を確保するための情報提供や相談といった対話の重要性を示す。このテーマは**図表序-３**の企業における人間関係の問題につながる。そしてまた，企業を起点に地域や家族と良好な関係を築くことにもつながる。

育児においては妊娠から出産までの間に，その後の育児と仕事の両立について必要な情報や知識を得て準備をすることができる。対して，介護は突然の家族の発症によって準備の期間がなく始まることが珍しくない。そのときに自己流で介護と仕事を両立しようとすると，結果的に両立できない可能性がある。そうした事態を避けるために，まだ介護に直面していない段階から研修等を通じて仕事と介護を両立するための心構えを説き，最低限の知識を身につけておくことが重要である。また，介護が始まったときに職場にカミングアウトできる雰囲気をつくることや，介護保険制度の利用にあたってケアマネジャーに必要な相談ができる準備を行っておくことも重要である。

最後の第６章「さらなる少子高齢化への対応」では，これからの日本社会を見据えた両立支援の留意点を示す。このテーマも最終的には人間関係の問題につながるが，ポイントになるのは要介護者との関係である。

「団塊の世代」が75歳以上になる2025年から１人の高齢者を支える現役世代は２人を割り込む。働きながら介護するための人手が不足して行く時代に，従業員自身が介護をできない場面で，家族にも介護サービスにも頼れなかったらどうするか。高齢者自身ができることは自分でするという発想が重要になってくるだろう。実際に今日の介護者の多くは，献身的に何でもするという態度ではなく，高齢者自身にできることは手助けせずに自分でさせるという態度で介護にあたっていることを示し，その観点から，今後の仕事と介護の両立支援に関する考え方を示したい。

注

1　介護者支援団体や労働組合等14団体が2016年に発足した団体。当時の代表は髙木剛（全労済協会理事長），逢見直人（連合事務局長），樋口恵子（NPO 法人高齢社会をよくする女性の会理事長），牧野史子（NPO 法人介護者サポートネットワークセンター・アラジン理事長）の３名（発足当時）。

2　ただし，もともと介護者の多数を占める中高年層の女性には高職位層が多いとはいえない。前述したように，家族の変化によって高職位につく男性も介護と向き合わざるを得なくなっているという実情がある。

第 1 章

仕事と介護の両立問題の背景

育児と異なる介護の特徴を踏まえて，従業員の家族介護が企業にとって問題となる社会的背景を示す。育児支援においては日本より進んだ国が数多くあるが，日本の高齢化率は世界一であり，高齢者介護問題は日本が世界最先端である。国際的にみると，日本のように家族が介護を担うことは自明ではなく，介護休業が法制化されていない国もある。日本でも，介護保険制度による介護の脱家族化（介護の社会化）が試みられたが，介護を家族に頼る傾向は依然として強い。財政制約を背景とする介護サービスの供給制約が深刻になっていけば，企業はそれだけ従業員の家族介護を支援する必要性が高まるだろう。しかしながら，介護の対象である高齢者は乳幼児のような付きっ切りのケアを必ずしも必要としない。高齢者は，もともとは自立した大人であり，少なくとも１人でいることができるのであれば，その時間は家族が要介護者から離れて仕事をすることができる。介護は育児と違うという前提で，介護の特徴を踏まえた両立支援を行うことが重要であるといえる。

1　高齢者介護問題のとらえ方

本章では，企業の経営環境にとって仕事と介護の両立が問題になる社会的背景と，この問題の中核にある高齢者介護というケアの性質を整理する。企業という組織は，日本社会もしくは国際社会というマクロな社会と，人々の意識や行動というミクロな個人の中間に位置するメゾシステムである。そのため，企業はマクロな社会の高齢者介護政策と，ミクロな個人が行う介護というケアの性質を踏まえた両立支援を行う必要がある。

介護は育児と違うという観点から本書は介護問題をとらえているが，まずは国際社会という大きな見取り図から，その違いを考えてみたい。育児支援は日本より進んだ国がたくさんある。だが，高齢者介護問題は日本が世界最先端を走っているということをはじめに指摘したい。もちろん日本よりも高齢者介護政策が充実した国はある。しかし，全人口に占める65歳以上の人数（高齢化率）は日本が世界一であり，介護を受ける高齢者と働きながら介護をする現役世代の構成比という点で，日本のそれよりも少ない人数で高齢者を支える社会の仕組みを構築している国はない。

日本の高齢者介護政策の特徴は，地域社会による介護サービスと家族による介護，そして従業員の家族介護と仕事の両立を支援する企業という企業・家族・地域の三方からバランスよく支援を行おうとするところにある。企業には，家族と地域で介護をやり繰りしてくれたら，それが一番助かるという気持ちもあるだろう。特に介護保険制度による介護サービス（介護保険サービス）への社会的期待は高い。たとえば，「介護離職ゼロ」を掲げた「骨太の方針2016」でも介護サービスによる離職防止の方針が次のような形で明記されている。

「介護サービスが利用できずやむを得ず離職する者をなくすとともに，特別養護老人ホームに入所が必要であるにもかかわらず自宅で待機している高齢者を解消することを目指し，介護ニーズに応じた機動的な介護サービス基盤を整備し，地域包括ケアを推進する」（内閣府，2016 p. 9）。

だが，介護保険の財政制約の問題からサービスの大幅な拡大は難しくなりつつある。結果として，家族の介護役割が拡大していけば，それだけ企業による両立支援が果たす役割も大きくなるに違いない。

こうした日本社会の大きな見取り図を本章の前半で示す。そうしたマクロな社会の動向を踏まえた上で，後半ではミクロな視点として，高齢者介護というケアの性質を取り上げ，高齢者介護は乳幼児の育児とは性質が異なることを示す。これにより，第２章以降で取り上げる両立支援の具体的な取組みの前提となる高齢者介護問題について理解を深めることが本章の目的である。

2　介護の脱家族化と再家族化

(1)　日本は介護問題先進国

日本は海外の進んだ国をお手本にして社会制度をつくってきた。ダイバーシティ経営やワーク・ライフ・バランスという考え方も，日本より仕事と家庭の両立支援が進んだ国を見習う過程で海外から入ってきたものである。しかし，そこでいう「家庭」は子育て世帯をモデルにしている。

たとえばアメリカは企業による自主的な両立支援の進んだ国として有名であり，「ファミリーフレンドリー施策」や「ワーク・ライフ・バランス」という言葉はアメリカから日本に入ってきた。もともとワーク・ライフ・バランスという言葉はイギリスが発祥であり，この旗印のもと，同国ではパートタイム労働やフレックスタイムという弾力的勤務（flexible working arrangement＝柔軟な働き方）を政策として整備してきた。その対象は初期には育児期の労働者であったが，その後，介護に拡大され，さらに労働者一般へと対象拡大されている。アメリカのファミリーフレンドリー施策も初期は育児期の従業員を対象としていたが，フレックスタイムやテレワークといった柔軟な勤務形態を育児期以外の多様な従業員に拡大したのが，ワーク・ライフ・バランス施策のはじまりである。一方，政府主導で両立支援を進めてきた国はスウェーデンが有名であり，充実した育児休業給付や公的保育サービスは日本でもしばしば紹介されている。

両立支援のアウトカム指標という意味でもアメリカやスウェーデンはともに日本より既婚女性の就業率や出生率が高い。育児と仕事の両立支援という意味では，今後もこれらの国から学べることは多いだろう。

しかし，高齢者介護は事情が異なる。はじめに述べたように，日本の高齢化率は世界一であり，１人の高齢者（65歳以上）を支える現役世代（15～64歳）の人数は２人を割ろうとしている。たとえば，スウェーデンは高齢者福祉という意味でも先進国としてたびたび紹介されるが，その福祉を支える現役世代の比率は日本より高い。同国でも高齢化率は上昇傾向にあり，これまでと同じ水準の福祉を維持していくことが難しくなっている。高齢化率の上昇にともなう福祉国家の再編という文脈でいえば，日本はトップランナーなのである。

高齢者介護政策一般ではなく，就業しながら家族の介護をする者（以下，働く介護者という）の仕事と介護の両立支援ということになるとさらに日本が置かれている状況の切実さがみえてくる。

図表 1 - 1 は戦後まもない1950～2015年までの合計特殊出生率について，欧米と日本の推移を示している。第二次世界大戦直後に各国ともベビーブームを経験し，その後に出生率が低下している。日本でいえば，1940年代後半に「団塊の世代」が生まれた後，出生率が低下している。

問題はその低下速度である。日本は欧米諸国に比べてベビーブームの期間が短く，1960年代の出生率は**図表 1 - 1** にある国の中で日本が顕著に低い。70年代前半に「団塊ジュニア世代」と呼ばれる第二次ベビーブームを経験した後の

図表 1 - 1　主な国の合計特殊出生率の動き

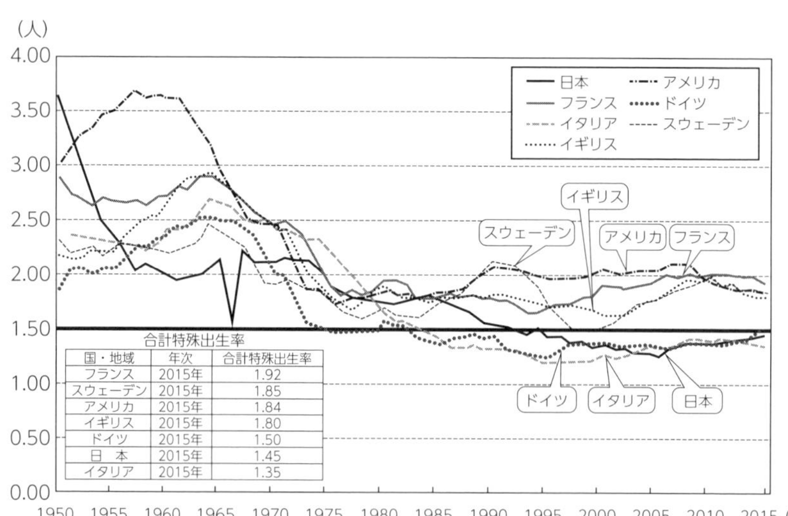

国・地域	年次	合計特殊出生率
フランス	2015年	1.92
スウェーデン	2015年	1.85
アメリカ	2015年	1.84
イギリス	2015年	1.80
ドイツ	2015年	1.50
日　本	2015年	1.45
イタリア	2015年	1.35

資料：1959年までUnited Nations“Demographic Yearbook”等，1960年以降はOECD Family database（2017年5月更新版）及び厚生労働省「人口動態統計」をもとに内閣府作成
出所：内閣府（2020a）p.26

出生率低下が少子化として問題になるのだが，高齢者介護との関係で重要なのは1960年代の出生率の低さである。人口の少ない世代が介護に直面したことで，男性介護者や管理職の離職等，先鋭化した形で仕事と介護の両立問題が顕在化したといえる。

第２章で詳述するが，2016年の育児・介護休業法改正で仕事と介護の両立支援制度は大幅に見直されている。改正の議論が行われる前の2010年代に介護離職問題への関心が高まったことを背景としているが[1]，この2010年代は1960年代生まれが50代であった。序章の**図表序-２**でもみたように，50代は正規従業員として介護に直面する可能性が最も高い年代である。その前の2000年代は1950年代生まれが50代であったが，50年代生まれと60年代生まれでは人口規模に大きな差がある。

その後，各国とも出生率の低下を経験しているが，欧米において人口規模の小さい1970年代生まれや1980年代生まれが介護に直面する頃，日本は1960年代生まれの介護問題を通じて一周先を走っているという位置関係になる。現在は立派にみえる諸外国の制度であっても，今後はこれを維持することが難しくなる可能性がある。そのときに日本の制度が参考になるのではないかという仮説で日本に注目している海外の研究者もいる（Kröger&Yeandle，2013）。

⑵　家族主義の介護政策

仕事と介護の両立支援に関する各国の制度を比較した場合，実は日本のように介護休業制度が法制化されている国は多くない。

たとえば，「ワーク・ライフ・バランス」政策発祥のイギリスでは介護休業に相当する長期休業は法制化されておらず，緊急時に数日の休暇（Time Off）が認められているだけである。この休暇には，日数や回数の規定はなく「合理的な長さ」とされているだけであり無給である。同国の仕事と介護の両立支援の柱はパートタイム労働やフレックスタイム等，前述の弾力的勤務である[2]（労働政策研究・研修機構，2017b）。

しかし，世代別の人口構成比でみた場合，イギリスも今後は要介護者となる高齢世代に比して，働きながら介護を担う現役世代が少なくなっていく可能性がある。そのときに，日本のような長期休業制度を整備する必要が生じるか，今後の研究が待たれるところである。

というのも，子育てについてはEUに「育児休業指令」があり，男女の労働者に８歳までの間で各国が定める年齢まで，４か月以上の休暇付与等を規定することを加盟国に求めている。各国で標準的な取組みをすることになっているからである。介護については「介護休業指令」というようなものはない。この点でも介護は育児と事情が異なる。

このように諸外国と比較した場合，長期の介護休業が法制化されている日本の方がイギリスより「両立支援制度の充実した先進国」のようにみえる。しかしながら，高齢者介護を家族が担うべきという考え方は万国共通ではないことに注意が必要である。日本においても自明とはいえない。ここも介護が育児と異なるところである。

介護においては，家族からケアを受けるのではなく，施設に住んで専門職による介護を受けるという選択肢がある。在宅介護についても，介護保険制度を利用してホームヘルパー等の専門職による介護を受けながら一人暮らしをしている高齢者がいる。

子育てにも，民間サービスや児童福祉施設という社会的な専門機関によって担われる保育はある。しかし，家族と離れて子どもだけで生活をするということが原則として選択肢にあるわけではない。様々な事情で家族と離れて暮らす子どもはいるが，社会規範として親には子どもを養育する義務があり，子どもが家族によるケアを受けないということは想定されていない。

たとえば，民法第820条では「親権を行う者は，子の監護及び教育をする権利を有し，義務を負う」と定めている。また，次世代育成支援対策推進法（次世代法）の第３条は，「次世代育成支援対策は，父母その他の保護者が子育てについての第一義的責任を有するという基本的認識の下に，家庭その他の場において，子育ての意義についての理解が深められ，かつ，子育てに伴う喜びが実感されるように配慮して行わなければならない」と定めている。どちらも親の育児責任を法的に定めているといえる。

一方，介護については，家族だから親等の介護をしなければならないということは必ずしもいえない。しかし実際には，家族が介護をすることが社会的に期待されてきた。1970年代後半から1980年年代初頭に政府が掲げた「日本型福祉社会論」は欧米に比した三世代同居率の高さを「含み資産」として評価し，祖父母による子育て支援とその後の老親介護という世代間の相互扶助を期待するものであった（横山，2002）。1978年の『厚生白書』を引用しよう。

「老親がまだ元気なうち（たとえば50～65歳くらい）においては子ども夫婦にとって，出産育児の手伝いや援助を期待でき，さらに就労を希望する主婦にとっては，留守番や子どもの世話の一部をまかせることができる。次に老親がしだいに身体的機能が衰える時期（たとえば70歳以上）においては子ども世代による老親の介護が期待できる」（厚生省，1978 p.58）。

そのように考えると，介護休業という形で介護のために仕事を休む必要が生じる社会は，高齢者介護を家族に期待していることの表われという見方ができるだろう。

新川（2014）は，こうした家族依存的な福祉が万国共通ではないことを国際比較によって示している。おおもとはEsping-Andersenによる有名な福祉国家の類型論であるため，そちらをまずは紹介しよう。Esping-Andersen（1990）は資本主義国家の福祉体制（福祉レジーム）に「保守主義」「自由主義」「社会民主主義」の３つの類型があることを実証的に示した。この３類型は国際的に広く参照されているが，Esping-Andersen（1999）で示した「脱家族化」（de-familization）は本書のキーワードの一つでもある。

「脱家族化」とは「家族への個人の依存を軽減するような政策を指している。つまり，家族の互恵性や婚姻上の互恵性とは独立に，個人による経済的資源の活用を最大限可能にする政策」（Esping-Andersen，1999＝2000 p.78）をいう。Esping-Andersen（1999）は，「最大の福祉義務を家族に割りあてる体制」を家族主義福祉レジームと呼ぶが，「女性（あるいは，少なくとも母親）が家庭の責任を負わされ，そのことが彼女たちの就労による完全な経済的自立を制限しているという事実を前提にすれば，彼女たちの脱家族化は，多くの研究が示唆するように，ただ福祉国家の肩にのみかかっている」という（Esping-Andersen，1999＝2000 p.78）。「脱家族化」は，家族的責任を負う女性の労働参加，すなわち仕事と家庭の両立を国家の政策として考える鍵概念であるといえる。

では，「個人の家族への依存を軽減」したときに，その依存を代替的に引き受けるのは誰か。つまり，家族の代わりにケアを担うのは誰だろうか。この問いには２つの答えがあり得る。１つ目は「社会民主主義」に特徴的な公的サービスであり，スウェーデン等の北欧諸国が代表的である。２つ目は「自由主義」に特徴的な市場によるサービスであり，アメリカやイギリスに代表されるアングロ・サクソン諸国が代表的である。前出のイギリスにおいて介護休業のような長期休業制度を法律で定めていないことにも納得がいくであろう。家族にそこまでの介護責任を求めていないのである。

他方，日本とよく似た介護休業制度があるドイツは，家族への依存が強い「保守主義」というタイプに属する。同国の介護休業制度には最長10日間の短期休業と６か月の長期休業がある。10日間の短期休業は，日本の介護休業制度が想定する緊急対応と介護の態勢づくりのための休業という発想に近い。その後の６か月の長期休業は，終わりのみえない介護を日常的に行うというよりは，家族による支えが特別に必要な期間，たとえば，特に病気が重篤な段階の付き添いや終末期の看取り等を想定したものである（齋藤，2009 p.73）。

このような３類型に対して，新川（2014）は，日本や南欧をドイツ等の保守主義とは区別し第４の「家族主義」として定位する。理由は，福祉国家のもう１つの分類軸である労働力の「脱商品化」の度合いに違いがあるからであり[3]，「脱商品化が低い家族主義類型では家族の果たす福祉機能は，必然的に保守主義以上に大きくなると考えられる」としている（新川，2014 p.38）。つまり，「家族主義」の日本は，「保守主義」のドイツと比べても家族に依存した福祉体制であるといえる。

しかしながら，この福祉国家の類型論は，歴史の中の一時代を断面として切り取ったものであることにも注意が必要である。「家族主義」（あるいは保守主義）だからいつまでも家族に依存できるわけでもなく「社会民主主義」だからいつまでも国家の財政に頼った福祉体制を維持できるわけでもない。政府の財政支出による充実した福祉体制を「大きな政府」というが，その大きさを今後も維持できるかどうかは不透明である。一方で，日本の家族主義的福祉体制を支えてきた家族も，三世代同居率は低下しており「大きな家族」を維持できているわけではない。「自由主義」のサービス市場は福祉に経済的格差が反映されやすい。こうした問題意識を各国がもちながら，福祉制度の改革を模索しているのが実際のところである。

⑶　介護保険制度による脱家族化の試み

日本の福祉は現在でもなお家族主義であるといわれる。だが，長期的な趨勢をみれば，その基盤も盤石とはいえない。

図表1-2は，65歳以上の高齢者がいる世帯の類型別構成割合を示している。日本型福祉社会の含み資産と評価された「三世代世帯」は減少傾向が顕著である。ただし，成人親子の同居という意味では，未婚化を背景に「親と未婚の子のみの世帯」が増加傾向にある。これが序章で言及した独身の娘や息子による介護が増えている一つの背景になっている。配偶者による介護との関係では「夫婦のみの世帯」の増加傾向もみられる。

だがもう一つ，一人暮らしの「単独世帯」の増加が顕著であることにも注目したい。「夫婦のみ」と「単独」の双方で高齢者のみの世帯が増えていることは，老親介護を担う子世代の立場からいえば，もともと同居していた家族が介護者になるのではなく，別居の家族・親族の中から介護者が選ばれるケースが増えることを示唆している。

ここで春日（2001）の興味深い指摘を引用したい。成人親子の同居率低下が老親介護の担い手となる子世代にもたらす感情を次のように表している。

「子どもが親と同居していれば老親への情もわき，看取りの義務感も強まろう。しかし，別居となると嫁という立場は，感情もからまり，夫の親との関係は億劫なものとなりやすい。家族関係は都市化すればするほど，夫の親族とは儀礼的な関係にとどめ，情動的なつきあいでは妻方親族との関係が強まる。これは，家族社会学の定説である」（春日，2001 p.121）。

しかしながら，後に詳述するが，情動的なつきあいを契機とした介護は，愛情ゆえに大きな負担感を介護者にもたらす。このことは要介護者にとっても幸

図表1-2｜ 65歳以上の者がいる世帯の構成割合（世帯類型別）

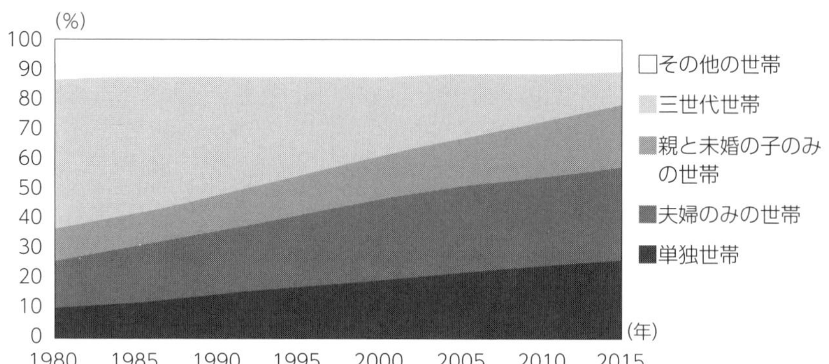

資料：1985年以前は厚生省「厚生行政基礎調査」，1990年以降は厚生労働省「国民生活基礎調査」による
注1：1995年は兵庫県を除く
注2：65歳以上の者のいる世帯総数に占める割合（%）
出所：内閣府（2020b）p.9をもとに筆者作成

福とはいえない。一方，義務として介護役割を担う「嫁」（息子の配偶者）の立場にも別のストレスがある。春日は，次のように説明する。「嫁は自己決定することが制度的に許されてこなかった。だから人々が嫁として十分尽くしたと納得するまで頑張るしかない。なが年つれそった老妻さえも，夫への愛だけでなく嫁としての気がねが入りこむ」（春日，2001 p.126）。

これらの指摘は1980年代の調査結果にもとづいているが，家族の介護負担が問題として認識されるようになった時代の雰囲気がよく表れている。こうした認識の広がりを受けて，介護に対する社会的支援の拡充が政策課題となった。これが具体化したのが，労働政策においては1995年制定の育児・介護休業法であり，高齢者介護政策においては1997年制定の介護保険法である。

池田（2002）は，介護保険制度には「介護の社会化」「共助」「自立支援」という3つの課題があったという。「自立支援」については後に詳しく取り上げる。「共助」とは国全体ではなく，基礎自治体を単位に住民同士が助け合うことを指している。「介護の社会化」については，「高齢者の介護を社会的に支えること」と説明した上で，以下のように詳述している。少し長いが引用しよう。

「親の介護は子どもの役割でありました。介護は家族の役割であるというのが，伝統的に信じられていた考え方でありました。それにはやはり背景がありました。倒れてから亡くなるまでの期間が非常に短かったこと。そして，支える家族が大家族制であったこと。そういった中で，年老いた親たちは家族に看取られていったというのは，ある意味では自然な姿だったのかもしれません。しかし，この四半世紀で事態は全く変わりました。いまや，寝たきりの半数は三年以上寝たきりです。そして，家族は核家族化している。高齢者も単身世帯，夫婦のみ世帯が増えつづけている。３年というのは1,000日を越えます。1,000日，24時間，１人が，ほとんどは女性でありますが，介護を続けるということは，人間業ではできない。

つまり，高齢者介護という問題は，昔からありながらも，この四半世紀に起きた歴史上初めての出来事なのです。このことが認識され，そして，これを社会的に支える仕組みが必要であるということは介護保険実施と共にほぼ国民共通の認識になったと思います」（池田，2002 pp.36-37）。

ここでいう「社会化」は前述の脱家族化とほとんど同じ意味である。介護保険制度は「介護の社会化」を実現する制度として大いに期待された。ここで一つ押さえておきたいのは，介護保険制度は，介護を担う家族を支えるのではなく，介護を受ける高齢者を社会的に支えることを目的にしているということである。介護保険制度の枠組みには家族の存在がない。40歳以上になってから拠出した保険料をもとに高齢者自身が自ら社会的サービスを利用するという仕組みである。介護保険制度を構成する被保険者（高齢者）・保険者（自治体）・サービス（事業者）の枠組みを字義通りに受け止めれば，家族のいない独居の高齢者が介護保険制度を使って介護サービスによる支援を受けながら生活を営むことができるはずであった。

しかし，実際は介護保険制度のサービスを利用しても，在宅での家族の介護負担は依然として重い（藤崎，2002；清水谷・野口，2005）。菊池（2012）や菅・梶谷（2014）・黒田（2014）のように介護保険サービスが家族の介護時間を減らす効果を一部認めている研究もあるが，それらの研究においても効果は限定的であるため，介護保険サービスが家族の介護時間を減らすことにつながっていると断定するには至っていない。介護保険サービスの整備と利用状況を分析した下夷は，財政上の制約から介護保険サービスの支給限度額が家族介護を代替するレベルにないことを理由に，「介護保険を最大限活用しても，家族介護がなければ自宅での生活が成り立たないケースは少なくない」と指摘している（下夷，2015 p.56）。その意味で期待されたほど「介護の社会化」（脱家族化）は進んでいない。

⑷　介護の再家族化

さらに，2000年の介護保険法施行５年後の2005年度改正から，徐々に介護サービスの給付を抑制する傾向が目立ち始めた。

背景には，介護サービスの利用急増にともなう介護保険財政の逼迫がある。介護保険制度が始まった2000年の給付総額は3.6兆円であったが，５年後（2005年）に6.4兆円，10年後（2010年）には7.4兆円となり，15年後（2015年）は10.1兆円となった。これと歩調を合わせるように，2000年に全国平均2,911円だった介護保険料は2015年に5,514円となっている（財務省主計局，2017 p.51）。

サービス供給の面では在宅介護サービスが大幅に増えている。１か月平均のサービス受給者数は2000年の184万人から2012年は458万人へと2.5倍になった。特に在宅サービスの受給者増加が著しく，2000年の124万人から2012年には338万人と2.7倍になっている。また，2006年から開始された地域密着型サービスも受給者が伸びており，2006年の16万人から2012年には33万人へと2.5倍になっている。しかしながら，特別養護老人ホーム等の施設サービスは，2000年の60万人から2012年は87万人と1.4倍の伸びであり，在宅サービスに比べて受給者数は少なく，また増加の伸びも小さい（下夷，2015 p.54）。

さらに，趨勢的な高齢人口の増加により，要介護者の数が増えていく中で保険料の負担を大幅に増やせないなら給付も増やせない。そのような苦しい台所事情がある。結果として，介護保険サービスの手が届かないところは再び要介護者の家族が介護を担う流れに傾きつつある。

このように脱家族化した介護が家族に戻っていくことを「介護の再家族化」

(refamilization) という。藤崎 (2009) は，訪問介護サービスのあり方をめぐる各種政策資料と統計データを分析することで，介護保険制度による「介護の社会化」(脱家族化) と「介護の再家族化」の動向を考察している。その結果から，生活援助サービスに様々な規制がかけられており，その規制は2005年度の介護保険法改正を経ていっそう強化されていることから「介護の社会化」より「介護の再家族化」が進んでいると結論づけている[3]。

介護休業制度は「介護の脱家族化」を実現する制度とは一概にはいえないと前述したが，2009年以降の育児・介護休業法改正は，家族が日常的に介護を担うことを支援する方向で改正されている。1995年制定当時の育児・介護休業は，介護の初期 (急性期から回復期) の緊急事態にのみ焦点をあてていたが，2009年改正では安定期における日々の身の回りの世話や手助け・見守りといった日常的な介護における通院等への付き添いに対応するために1日単位で取得可能な介護休暇が新設された。さらに2016年改正において勤務時間短縮等の措置の期間拡大と所定外労働の免除の新設という大幅な改正が行われた。

このような改正は，明示的に「介護の再家族化」を意識したものではないが，前述の藤崎 (2009) が指摘する介護保険制度の動向を踏まえるなら，事実上「介護の再家族化」に対応した改正という見方ができる。そして，介護の担い手として家族への期待が大きくなれば，それだけ企業は，その家族を支えるための両立支援の拡充を迫られることになるだろう。

留意すべきは，「介護の再家族化」の受け皿となる家族は，「介護の社会化」(脱家族化) を試みる前と形も中身も変わっていることである。日本型福祉社会論が提唱された後，日本社会では核家族化が進み，さらには単身世帯が増える等，家族の多様化と規模の縮小が進行した。序章で述べた男性介護者の増加は，こうした世帯規模の縮小によって，妻を介護する夫や老親を介護する息子が増えたことを意味している。

実はこのような変化は近年になって急に起きたものではない。津止・斎藤 (2007) は，高度成長期の1968年から21世紀初頭の2004年という長期にわたる「主介護者」の推移を全国データで比較し，長期的趨勢として「子の配偶者」から「配偶者」と「実子」による介護への移行が起きていること，そして，この変化にともなって「夫」や「息子」という男性介護者の割合が長期的に上昇してきていることを明らかにしている。同様の傾向を1968年から1986年の20年間の比較から指摘していた春日は，東京のような大都市部で「配偶者」や「実子」への期待が特に高いことに着目し，前述したように「家族関係は都市化すればするほど，夫の親族とは儀礼的な関係にとどめ，情動的なつきあいでは，妻型親族との関係が強まる」（春日，2001 p.121）と述べている。

実子の中でも「娘」（女性）ではなく「息子」（男性）による介護が増えている背景には，未婚化の進展がある。春日（2001）の指摘は成人した子が結婚している場合に夫よりも妻の親族との関係が強まるというものであったが，「息子介護」を正面から研究テーマとしている平山（2014）は未婚化により「嫁」のいない男性が増えていることや，独身であることに加えて兄弟姉妹数の減少により姉妹のいない息子が増えているという。また，不安定な就労状況ゆえに長く実家を離れることができずに老親の介護に直面するケースや，既婚であっても妻に兄弟姉妹がいないために夫婦がそれぞれに自分の親を介護する必要が生じる等，息子が介護者になる理由には多様性があることも指摘している。

企業はそれだけ多様な介護者のニーズに応えていく必要がある。

ただし，ここでも介護と育児の違いを考慮する必要がある。育児においては保育サービスの供給不足が育児休業の取得可能期間を延長する等，サービスの不足が両立支援制度のニーズとつながりやすい。たとえば，育児・介護休業法では子どもが１歳に達した時点で保育園に入ることができない場合には，１歳半まで育休を延長することができ，さらに２歳までの再延長を認めている。介護においてもサービスの供給不足によって出勤できなくなるということは起き得る。しかし，その影響は育児ほど直接的ではない可能性がある。

なぜなら介護と育児ではケアの性質が異なるからである。端的にいって，育児は時間拘束の強いケアであるのに対し，介護の時間拘束はそれほど強くない。そのため，仕事と介護の生活時間配分という意味で介護の多くはそれほど長い休業や大幅な勤務時間の短縮を必要としない。それだけ要介護者の家族は仕事をできる可能性があるということである。だが，介護では疲労の蓄積が仕事に悪影響を及ぼすという，別の形での両立困難が起き得る（労働政策研究・研修機構，2015；Ikeda，2016)。その背景として，育児とは異なる介護というケアの特徴を整理しておこう。

3　高齢者介護というケアの特徴

(1)　子どものケアと大人のケア

家族のケアという意味では介護も育児と同じであるが，その性質は異なる。単純な話であるが，高齢者介護の対象は子どもではなく大人である。着替え，食事，歩行，トイレといった日常生活行動について全面的なケアが必要と聞くと，乳幼児の身の回りの世話と同じように理解してしまうかもしれない。

しかし，高齢者は乳幼児と違う。誰かがそばにいてみていないと何が起きるかわからないという未熟な存在ではない。成熟した一人前の大人である。家族が心配して付きっ切りで介護しようとすることを拒み，一人で過ごす時間が欲しいという高齢者もいる。そのことから，介護者である家族と要介護者の間に葛藤が生じることもある。親との密着を拒む乳幼児はいないだろう。専門家の見解でも，育児では親子の密着が推奨されるが，介護では要介護者とあまり密着しないで適度な距離を置いた方が良いという声をよく耳にする。

この点をよく理解するため，序章で取り上げた西久保（2015）の「時間的予測困難性」の問題を思い出そう。育児は先の見通しを立てやすいが介護は先の見通しを立てにくいという育児と介護の違いである。これをケアの受け手である子どもと高齢者に着目して整理すると，以下のようにいうことができる。

育児は全面的な依存状態にある子どもが親の手を離れて自立していく過程である。その過程は理論的にも経験的にも発達過程としてモデル化して理解しやすい。そのことが先の見通しの立てやすさにつながっている。一方，高齢者介護はもともと成人として自立していた家族が依存を強めていく過程であるが，その過程は多様である。脳血管疾患，認知症，がんといった原因疾患に多様性があるだけでなく，同じ疾患でも症状の進行には多様性がある。そのため，１年後，２年後，３年後の要介護状態を予測することは難しい。

こうした素朴な違いを掘り下げていくと，高齢者介護においては，育児とまったく違う発想で問題をとらえる必要があることに気づく。

１つ目は初期状態における子どもと高齢者の依存度の違いである。生まれたばかりの子ども（乳児）は全面的に大人に依存している。対して，高齢者の依存は（乳児と対比させていえば）部分的である。

育児期の親は，この全面的な依存に対し全面的なケアをする必要がある。精神科医Winnicottの有名な発達論によれば，乳児は「想像を絶するほどの不安という絶壁の上に立っている」（Winnicott，1965＝1977 p.59）。この不安は乳児と同一化した母親の献身的なケアによってのみ解消される。つまり，子育てにおいて親がそばにいることが重要なのは，子どもは一人でいることに強い不安をもつからである。食事や着替え等，何かをする必要がないときでも子どもには「一人でいられる能力」（Capability to be Alone）がないのである。この「一人でいられる能力」を獲得していくことは子どもの成長の一つとされている（Winnicott, 1965＝1977 pp.21-31）。

ここでは発達論の詳細を理解することが目的ではないため，これ以上の説明は割愛するが，押さえておくべきは哺乳や事故防止といった物理的な安全の確保だけでなく，人格（パーソナリティ）の形成という観点からみても，乳児は片時も離れることができない存在であり，強い依存状態から育児は始まることである。そして，子どもを一人にすることができないという基本原則において，子育ては非常に時間拘束の強いケアであるということができる。

仕事と子育ての両立支援の考え方においても，最も時間拘束の強い０歳児には全面的な休業を保障し，その後，子どもが親から離れることができるようになるとともに，短時間勤務からフルタイムへと勤務時間を増やしていくという考え方は理に適っているといえる。短時間勤務制度の上限年齢を何歳にするかという問題も，３歳から就学前，就学前期，小学校終了までと延びていくことも，子どもが一人でいられる能力が相対的なものであることと整合的である。なお，Winnicottは子どもを献身的にケアする存在として母親を強調したが，父親が育休を取って子どもといるということでも良いだろう。いずれにしても，子育てには，子どもが一人でいられないという意味で依存した状態から始まる。

対照的に，介護を受ける高齢者は，もともと成人した大人である。前述したように，介護は自立した状態が失われて依存を強めていく過程である。立って歩いたり，着替えをしたり，食事をしたりといった行動面でできることが減っていても，できることはまだ他にある。たとえば，仮に寝たきりの重い要介護状態になっても一人でいられる高齢者は少なくない。そこは根本的に乳児と異なる。寝たきりであるからといって，まだ起き上がることのできない乳児と同じではないのである。

⑵　要介護者の自立を尊重する

高齢者介護においては，要介護者がケアを必要とする依存状態にあっても「一人でいられる能力」があるという意味で精神的には自立した大人である。その大人としての自立が損なわれる過度な介護は要介護者自身が望まないこともある。1つ事例を紹介しよう。

労働政策研究・研修機構（2013）のXAさん（男性）は，55歳の時に51歳の妻がクモ膜下出血になり，その後遺症で要介護状態になった。クモ膜下出血は，高齢者介護の原因疾患の典型とされる脳血管疾患の1つであり，3か月間寝たきりの状態からリハビリの結果，ソファに座ったところから立ち上がって歩行器を使ってトイレまで行き，トイレの手すりをもって座って用が足せる程度まで回復して在宅介護を始めた。XAさんは当時建設会社の正社員であったが，定年の60歳まで正社員を続け，その後も同じ会社で嘱託社員として就業している。

要介護状態の妻は夫に頼っているというが，ときどき「そこまでやらなくていいよ，ほっといてくれて大丈夫だから」といわれるときもある。そのため，何もかも入り込んでいくようなことはしていない。実は，このXAさんは定年を機に退職して，より介護に軸足を移すことを検討していた。しかし，妻には「あんまり家にいないほうがいい。私もリハビリに行っているし，誰も家にいないのに，あなた一人で家にいるよりは外にいる方が，気がまぎれていいでしょう？」といわれたという。背景には，もともとの夫婦関係がある。クモ膜下出血で倒れる前，夫は仕事優先の生活をしており，妻は妻で生活を楽しんでいた。たとえば妻が友達と海外旅行に行っている間，夫は日本で仕事をしていた。

夫婦といっても，配偶者から離れたところで，それぞれの生活があって当然だろう。一人になる時間が欲しいときもある。介護という名のもとに干渉され過ぎたらストレスを感じるのは自然なことである。介護者が仕事で外出している時間は，それぞれの時間を過ごすという従来の距離感を保ちつつ介護をするという自立と依存のバランスが重要であるといえる。

しかし，言うは易し行うは難しである。特に老親介護においては，義務感と愛情が複雑に絡み合う。家族を介護する動機は「義務」と「愛情」という２つの面から理解されてきた。Ungerson（1987）は，男性は愛情，女性は義務から介護を引き受ける傾向にあると指摘していたが，春日（2001）は義務感と愛情の混ざり合いに着目する。そして，単なる義務感ではなく愛情による親との同居介護は，以下のように，同居しているがゆえに親を受容することができない「愛情のパラドクス」をともないやすいという。

「介護が役割を果たさなければならない義務感のみで引き受けられたのではなく，自己の選択的自由意志によって提供される場合，『親への気遣い』といった愛情行為が持続されるためには，『自分のペース（主導性)』『自分（自身を維持するため）の世界（時間・空間)』が必要条件である。しかしながら，介護とは要介護者にとって必要な具体的世話をすること以上に，そばに付き添い見守るという側面を，仕事の性格として持っている。したがって，とりわけ代替要員がいない家族介護という仕事では，世話をする側とされる側がその関係にのみに閉じ込められ，介護者は自分の時間と自由空間をもつことを奪われ，それによって『愛情』のよって立つ根元そのものが蝕まれ，ついにはそれが涸れ尽くすという事態が生じてくる」（春日，2001 pp.152-153)。

さらに，もともとは自立した状態から依存を強めていくという要介護状態の推移も家族にとってはストレスとなる。

「家族介護の場合には，介護する側に，過去の要介護者が元気だった頃の身体のイメージ，暮らしぶりといった記憶が焼き付けられているために，相手の現実の姿に即して期待を組み替えていくことが難しい面もある。そのうえ，世話役割を担わされた者にとっては，要介護者が少しでも良好な状態になることが，自分のやり甲斐，し甲斐となり，介護者自身の充実感ともつながっている。したがって，要介護者がその期待に添えない場合は，（中略）介護者は『自分のしていることに意味がない』と苛立ち，介護意欲を失っていくことさえある。高齢者介護は行き着く先が死であり，日に日に衰えていくばかりだから，介護者はつらい，というのはよく聞く言葉だけれど，それはこの点に関わっている」（春日，2001 p.146）。

井口（2007）は，衰え行く家族の現実に直面する介護者が要介護状態になる前の「正常な人間」像を要介護者に見出そうとすることを明らかにしている。「介護者が要介護者に対して強く介護・ケアを志向してしまうこと」「相手に対する配慮とそれにもとづく介護行為を限りなく増大させていかなければならぬと感じていること」を井口は，家族介護の「無限定性」と呼ぶが，「周囲から見て明らかに『無限定』な介護を遂行していて負担となっているように見えても，介護者本人からは特に負担だと認知・表明されないまま―場合によっては介護遂行を肯定的に意味づけながら―続けていく場合も見られる」という（井口，2007 p.147）。そして，介護者が無限定な介護を遂行する過程で，要介護者が介護を必要とする前の「正常な人間」像が形を変えながら保持され続けることを事例分析によって明らかにしている。

この分析は，要介護者の良好な状態が介護者にやり甲斐をもたらすという春日（2001）の指摘と整合的であるが，心身の健康状態や身体機能が客観的に良好であるか否かというより，要介護者が衰え行く中でも，何らかの良好な状態をみつけ出そう，要介護者の現状の中に「正常な人間」像を見出そうという意味づけを強調している。それは衰え行く要介護状態に抗う試みでもある。母親の介護にあたり，寝たきりに近い状態になっても「可能な限りオムツを当てずにベッドサイドのポータブル・トイレを使って排泄をしてもらうことや，点滴を避けて普通に食事をとってもらう」ことにより，「食事をし，トイレも自分ですませる」ことができる人間像を維持しようとする例は分かりやすいだろう（井口，2007 p.185）。オムツや点滴を避けるという行動に表れているように，その「正常な人間」像を維持するようなケアが行われている。

高齢者介護を育児と同じように考えて，子どものケアをするように高齢者のケアをする姿は一見すると献身的で愛情にあふれた良い介護のようにみえる。仕事を早く切り上げ，寄り道をしないで帰宅し，要介護者に細やかな手助けをする。春日（2001）が述べていたように，かつての「嫁」（息子の配偶者）には，やりすぎるほど献身的に介護をしないといけない社会規範があった。義務感ではなく愛情から，そのようにする人もいるだろう。

しかし，そのように「やりすぎる」ほど要介護者に尽くすような介護は長続きしない。介護が長期化すると心身の疲労が蓄積して息が詰まる。春日(2001)がいうように，時間と労力をいくら投入しても要介護者が回復するわけではないという徒労感に襲われることもあるだろう。あるいは，要介護者にも意思があるのだから，春日（2001）や西久保（2015）のいうように，要介護者との葛藤という問題も起きやすくなる。結果として，介護による肉体的疲労やストレスが蓄積して，要介護者ではなく介護者自身の健康状態悪化をまねくことになりかねない。この介護者の健康状態悪化が介護離職につながることもある（池田，2016・2017；Ikeda，2017b)。

だが，介護による疲労やストレスを蓄積し，病気やけがをしてしまう介護者は，それだけ献身的に要介護者にかかわりすぎている可能性があることにも注意したい。**図表1-3**は要介護者へのかかわり方が「献身的」か「自立重視」かを分けて，介護による健康状態悪化の有無を示しているが[4]，「献身的」な場合は「けがや病気」「肉体的疲労」「精神的ストレス」のいずれも「ある」「少しある」の合計割合が「自立重視」に比べて高い。特に肉体的疲労については「献身的」は「ある」（22.1％）と「少しある」（32.4％）の合計が54.5％であるのに対して，「自立重視」は「ある」（12.7％）と「少しある」（27.4％）の合計が40.1％と10ポイント以上低い。

要介護状態にあり手助けが必要という認識に立つと，つい要介護者が「できないこと」に目が向きがちである。もちろん付きっ切りで介護をしないといけない要介護状態の高齢者もいる。にもかかわらず，介護者が一方的に要介護者の自立を強調することは適切な介護とはいえないだろう。しかし，乳幼児のように必ず付きっ切りでないといけないわけではない。高齢者はもともと大人で

図表1-3　要介護者とのかかわり方別　介護による健康への影響

		ある	少しある	あまりない	ない	N
介護が原因の病気やけが	献身的	6.8%	17.1%	19.8%	56.3%	222
	自立重視	4.9%	10.2%	20.7%	64.1%	449
介護による肉体的疲労	献身的	22.1%	32.4%	26.6%	18.9%	222
	自立重視	12.7%	27.4%	32.5%	27.4%	449
介護による精神的ストレス	献身的	28.4%	41.0%	16.2%	14.4%	222
	自立重視	27.8%	35.0%	20.9%	16.3%	449

分析対象…調査時雇用

注：献身的…不自由がないように何でも手助けする
　　自立重視…なるべく手助けしないで要介護者自身にさせる
出所：労働政策研究・研修機構（2020b）p.41

あり，要介護状態になっても「できる」ことはある。介護が必要という意味では依存的な状態にあるが，その依存は相対的だといえる。そして，「できる」ことを尊重してケアを行うという姿勢が重要である。身の回りのことはできなくても，自己決定はできるし，少なくとも一人でいられるのなら，それだけ家族は要介護者から離れて仕事をすることができるのである。

⑶　自立支援という思想

高齢者の自立というときに，もう一つ留意すべきは「自己決定」の原則である。これは介護保険制度の「自立支援」の基本理念になっている。介護保険法の第1条は次のような条文になっている。

「この法律は，加齢に伴って生ずる心身の変化に起因する疾病等により要介護状態となり，入浴，排せつ，食事等の介護，機能訓練並びに看護及び療養上の管理その他の医療を要する者等について，これらの者が尊厳を保持し，その有する能力に応じ自立した日常生活を営むことができるよう，必要な保健医療サービス及び福祉サービスに係る給付を行うため，国民の共同連帯の理念に基づき介護保険制度を設け，その行う保険給付等に関して必要な事項を定め，もって国民の保健医療の向上及び福祉の増進を図ることを目的とする。」（下線は引用者）。

この自立支援という考え方について，池田（2002）は「介護を必要とする高齢者が残存する能力を活用して質の高い生活を送ることができるよう社会的支援を提供するもの」という一般的な説明をした上で，その前提にあるのが「自己決定」だという。この自己決定とは「自分が何をしたいのかを決定するのは自分」ということであり，「寝たきり高齢者は，心の中で自己決定ができる。心身の障害があっても，他者の支援を借りて『自己決定』を実現させることはできる。つまり，自立支援とは，『自己決定—社会的支援』という関係性の中で理解されなければならない」と説明している（池田，2002 p.119）。この自己決定も乳幼児のケアには該当しない原則である。

要するに，高齢者は一人でいることができるし，介護保険制度は，その一人でいる高齢者が自ら必要とする介護サービスを自己決定して調達することができる。その意味で高齢者介護は自立を前提としたケアがあるといえる。

4　企業に対する社会の期待

(1)　慢性的な支援者不足へ

国際社会における日本の福祉体制の特徴というマクロな視点と，高齢者のケアの特徴というミクロな視点の双方から，企業を取り巻く環境として，日本の高齢者介護の現状を整理してきた。そこから導き出される企業への期待を最後に考えてみよう。

マクロな視点においては介護の脱家族化・再家族化という文脈が軸となる。介護の再家族化によって，家族介護を担う従業員の支援者として企業の役割は大きくなってきているといえる。もともと日本は家族が主として介護を担う家族主義的な福祉体制である。家族の重い介護負担が問題になったことから，介護の脱家族化（社会化）を企図して介護保険制度が導入された。だが，施設介護の供給量は足りておらず，在宅介護サービスの限度額にも制約がある。家族の介護に依存する部分は依然として大きく，さらに家族への依存を高める方向で介護保険制度の改定は行われている。背景には財政制約の問題がある。１人の要介護者の生活を介護保険制度のサービスだけで支える財源はないという財政制約が，介護の脱家族化を困難にしているのである。

だが，そもそも家族だけで介護を担うことができないという問題意識で脱家族化を試みたのであるから，介護の再家族化を受け止める力が家族にあるとはいえない。そこで，家族介護を支える新たな支援者が必要となる。それが家族介護者の勤務先企業である。1995年制定の育児・介護休業法は，家族が要介護状態になった始期の緊急対応とその後の介護の準備・態勢づくりに焦点を絞って両立支援を企業に求めた。準備・態勢が整った後は通常勤務をするという想定であった。しかし，実際は介護を分担する家族がいない，在宅介護サービスの利用時間が勤務時間と合わないといったように，家族と介護サービスの人手不足を補うために，休暇や勤務時間の短縮・柔軟化の必要性が認識されるようになっている。2016年改正育児・介護休業法は，その実態を正面から受け止めて，仕事と介護の両立支援制度のあり方を一から見直し，大幅な改正を行った。詳細は次章で扱うが，この改正は介護の再家族化に対応した両立支援制度改革だったと位置づけることができる。

今後さらに，家族と介護サービスにおいては，支援の供給制約が増していくだろう。その結果として，企業による両立支援を求める声は大きくなることが予想される。しかし，企業も従業員にゆとりがあるわけではない。介護休業や介護休暇，短時間勤務の代替要員を常に確保できるとは限らない。介護を支える人手の不足は日本社会全体の人口構成に起因するものであり，企業もまた例外ではない。はじめに述べたように企業としては，従業員の介護を家族や地域社会で支えてほしいというのが本音ではないだろうか。

要するに，「もっと企業の支援を」「もっと地域のサービスを」「もっと家族で分担を」という声を発しても，相手はそれに応じる人手を確保できなくなりつつある。そのような状況で，企業は従業員の介護離職を防止し，仕事と介護の両立を支援していく必要がある。

(2)　高齢者介護の特徴を踏まえる

長期間にわたって介護休業を取り，短時間勤務という特別な働き方をする，それが仕事と介護の両立支援の基本形だと考えると重荷に感じる企業は少なくないだろう。

育児においては，長期休業と短時間勤務の期間を延ばしても終わりが予想できる。しかし，介護はいつまで続くかわからない。いつになったら介護休業から復職することができ，いつになったら短時間勤務から通常勤務に戻ることができるのか分からない，そのような従業員をいつまで支援すれば良いのかと考えると途方に暮れてしまうかもしれない。いつも仕事をカバーする同僚の立場に立てば「いつになったら通常の働き方に戻ってくれるのだろう」と思いが募るのは当然だろう。介護をしている本人にも「いつ」とはいえない辛さがあることだろう。いつまでも介護休業や短時間勤務を延長することには様々な無理やひずみが生じる可能性がある。

しかし，そのような心配は杞憂に終わる可能性が高い。実は，介護休業や短時間勤務といった両立支援制度を利用しないで，通常の勤務をしている介護者は少なくない。介護休業を取らずに年次有給休暇（年休）を取り，短時間勤務制度は利用しないで全従業員対象のフレックスタイムで出退勤時刻を調整し，残業免除を申請せずに自身で仕事のスケジュールを調整して定時退勤している，そのようにして介護をしていない同僚と大差のない働き方をしながら家族の介護に対応しているということである。

そのような方法が可能であるのは，乳幼児と高齢者ではケアの性質が違うからである。要介護状態にあっても一人でいることができる高齢者であれば，短時間勤務の所定労働時間短縮分に相当する２時間程度は，要介護者が一人で過ごす。これにより両立支援制度も介護サービスも利用しないで仕事と介護の両立を図ることができる場合もある。

要するに，適切な仕事と介護の両立支援を行うためには，介護の特徴を踏まえることが重要である。介護を育児と同じ発想でとらえてしまうと，過剰な支援になってしまったり，介護に固有の問題に対応できない不足が生じたりする可能性がある。介護のし過ぎを助長するような支援は逆効果になりかねない。そこで，次章以降で，介護は育児とどこが違うのか，そのポイントを掘り下げて，仕事と介護の両立支援の考え方を具体的に示していきたい。

POINTS

◆ 国際的にみると日本のように介護を家族に期待するのではなく，公的サービスや市場サービスで介護に対応している国もある。

◆ 日本も介護の脱家族化（社会化）を目指して介護保険制度を導入したが，財政上の制約から介護保険サービスで家族の介護を代替することは難しく，介護の再家族化が起きつつある。

◆ 高齢者介護と育児のケアの性質の違いに留意し，乳幼児のように献身的にケアをすることを前提に考えるのではなく，もともとは自立した大人であることを前提に両立支援を行うことが重要である。

注

1　厚生労働省雇用均等・児童家庭局（2012）は「仕事と介護の両立～離職せず働き続けるために」という特集を組んでいる。

2　具体的な制度は，パートタイム労働（part-time working or worker），フレックスタイム（flexi-time），期限付短縮労働時間（Reduced hours for a limited period），在宅勤務（working from home），モバイルワーク（Mobile working），労働時間延長（overtime），ジョブシェア（job-sharing），圧縮労働時間（compressed hours），年間所定総労働時間の約定（annualised hours），子の学事期に係る労働時間（term-time working），臨時的な労働契約および期間を定める労働契約（Temporary working and Fixed-term contracts），下請け契約（Sub-contracting），待機労働契約（Zero hours contracts），ホットデスキング（Hot-desking，デスクの共有）といったように多岐にわたる。

3　2008（平成20）年８月25日付で厚生労働省は同居家族の有無によって一律機械的に生活援助サービスを認めないということがないよう，各都道府県の介護保険主管課（室）宛てに事務連絡を行っている。

4　調査票では「献身的」は「多少でも要介護者に不自由がないように何でも手助けをする」，「自立重視」は「なるべく手助けをしないで要介護者自身にできることは自分でさせる」。

第 2 章

育児・介護休業法の考え方

育児・介護休業法に則して，育児と異なる介護の特徴を踏まえた両立支援制度の考え方を示す。1995年に制定された初期の育児・介護休業法は，介護の始期の緊急対応とその後の介護生活の準備・態勢づくりに焦点をあてていた。だが，現実には家族が継続的に介護を担っている実態を踏まえ，2016年改正では介護終了までのすべての介護期間を対象とする大幅な制度改正が行われた。勤務時間短縮等の措置の期間拡大や所定外労働の免除の新設等，日常的に介護を担いながら働くことを支援する制度の整備は，介護に関する制度が育児支援制度に近づいたという印象を与えるかもしれない。しかし，介護においては休業期間の拡大より分割取得，短時間勤務の単独義務化より所定外労働の免除，介護休暇も日数を増やさずに１日単位から半日単位・時間単位に柔軟化する等，介護に大幅な時間を割くよりもなるべく出勤しながら介護に対応できるよう制度設計されている。法定を上回る両立支援制度の拡充を図るときにも，介護に割く時間を大幅に増やす方向ではなく，介護休業の代わりにテレワークを導入する等，なるべく仕事をする方向で検討することが重要である。

1　法律が定める企業の責任

仕事と介護の両立という問題には様々な側面がある。企業からはみえにくい問題もある。そのため，企業だけで支援しきれるものではなく，従業員自身の家族との介護の分担や地域の介護サービス等，多方面からの支援が組み合わされることで仕事と介護の両立は可能になる。

企業の本音としては「介護はプライベートな問題なのだから，会社に頼らず，家族やサービスの支援で何とかしてほしい」という声もあるだろう。実際に企業の支援に頼らず，家族との介護の分担や介護サービスをやり繰りして仕事との両立を図る介護者もいる。だが，企業には従業員の両立支援を負う社会的責任がある。その役割を法律で義務づけて定めたのが育児・介護休業法である[1]。すでに序章と第1章でも同法に言及しているが，本章において，その枠組みと考え方を改めて整理しておきたい。

育児・介護休業法は1995年に制定されているが，2016年に大幅な改正が行われている。本章ではこの2016年改正法を中心的に取り上げ，両立支援制度に関する考え方を解説する。

1995年の育児・介護休業法は，家族以外の者が代替できない緊急事態の介護を家族が一時的に担うことを想定して，介護休業等の規定をつくっていた（労働省婦人局編，1993；1994)。日常的に自分で介護をするのではなく，介護の始期における治療方針や介護方針の決定，介護サービスの事業者選定や利用手続き等，介護のマネジメントをするのが，仕事と両立するための介護における家族の役割であり，そのマネジメントを企業は支援するという考え方であった。

しかしながら実際には，マネジメントだけをしていれば良いということはなく，多くの介護者が働きながら日常的な介護を担っていることが明らかになっている（労働政策研究・研修機構，2006b)。介護の始期だけでなくその終わりまで，家族が介護をしながら仕事を続けることを考えるのであれば，それに対応した両立支援制度を企業は整備する必要がある。そのような問題意識で，介護休業だけでなく，介護休暇や所定外労働（残業や休日労働）の免除，勤務時間短縮等の措置といった両立支援制度を総合的に設計し直したのが2016年改正法である。

改正の過程では，93日を越える期間に介護休業を拡大することや，短時間勤務の単独義務化という，実際には改正事項から除外された選択肢も十分に検討された。しかし，最終的には介護休業の期間拡大や短時間勤務の単独義務化は見送られた。その理由を理解することは，法定を超える両立支援制度の導入を個別企業で検討する際にも参考になるに違いない。

法改正に先立つ厚生労働省「今後の仕事と家庭の両立支援に関する研究会」の議論で重視された考え方は「介護は育児と違う」というものである。まさに本書の中核的メッセージである。育児・介護休業法における介護のための長期休業という発想は，先行して法制化されていた育児休業をひな型にしている。しかしながら，育児支援の枠組みを介護に応用すると両立支援制度と介護の実態にズレが生じてしまう。そこで，育児の発想にとらわれることなく，介護の実態を正面から取り上げ，多角的に収集したデータに即して制度設計を行っている。すでに法定の制度を整備している企業においても，その考え方を理解することで，効果的な制度運用が可能になるに違いない。

2　2016年改正法の考え方

(1)　1995年制定法と介護の実態

1995年に制定された初期の育児・介護休業法は，要介護状態発生直後（始期）の緊急対応とその後の介護の準備・態勢づくりに焦点をあてており，介護の態勢が整った後の日常的な介護を継続的に担いながら働くための支援は企業に求めていなかった。介護休業とともに勤務時間短縮等の措置も選択的措置義務として義務化されていたが，その期間は介護休業と合わせて３か月であった。

折しも，1999年に育児・介護休業法が施行された翌年の2000年に介護保険制度が施行された。これを機に民間の介護サービス提供事業所が急速に増え，介護休業が想定する始期に介護保険制度の利用手続きを行い，復職後は介護保険サービスを利用して仕事と介護の両立を図ることが一般的になった。これにより，第１章で述べたように，「介護の脱家族化」が実現したかのようにみえたが，実際は家族の介護負担が大幅に軽減されたとはいえない実態が徐々に明らかになってきた。そうした日常的な介護への対応策として，2009年改正法においては，通院の付き添い等を想定した介護休暇を新設し，１日単位で年間５日まで認めることとした。

その必要性を示した厚生労働省の研究会報告書（厚生労働省雇用均等・児童

家庭局，2008）には次のような記述がある。

「介護に関する方針を決定した後の「要介護者を日常的に介護する期間」においても，対象家族の通院の付き添いなど，その都度休暇ニーズが発生する場合が多数存在している。現状では，年次有給休暇，欠勤，遅刻，早退などにより家族の介護に対応している労働者が多いが，…（中略）…家族の介護を行う労働者が，仕事と介護を両立し，働き続けることができるよう，現行の介護休業（「長期の休業」）に加え，一日単位・時間単位などで取得できる「短期の休暇」制度を設けるべきものと考える」（厚生労働省雇用均等・児童家庭局，2008 p.13）。

この記述の中には「年次有給休暇」や「欠勤」といった１日単位で仕事を休むケースだけでなく，「遅刻」「早退」という形で出退勤時刻を変更している実態も含まれている。つまり，勤務時間短縮等の措置を介護休業の代用ではなく，日常的な介護に対応し得る制度として再編成する必要性も示唆していた。

このように，要介護状態発生直後（介護の始期）だけでなく，介護期間全体を視野に入れながら，日常的な介護にも対応可能な制度を整備することの重要性が徐々に認識されるようになった。初期の育児・介護休業法は要介護状態が発生した介護の始期に就業継続が難しくなるという想定で制度設計を行っていたが，介護の実態はそのような想定と乖離していることが少しずつ明らかになってきたのである。

離職時期についても，介護の初期対応の必要性ではなく介護の長期化によって就業継続は難しくなることが，前田（2000），山口（2004），池田（2010）等の調査研究によって明らかになっている。第４章で詳述するが，特に在宅での介護期間が長くなり，３年を超えると同じ勤務先で仕事を続ける同一就業継続割合の低下が顕著である（労働政策研究・研修機構，2016）。介護保険制度の財政制約から施設介護の大幅な拡大は難しく，在宅介護に軸足が移っていくのなら，これに対応した両立支援制度が必要である。しかし，法政策として，介護の長期化に対応した制度設計がどのようにできるのか，その具体的な形は明確でなかった。これを形にしたのが，2016年の育児・介護休業法改正である。

⑵ 2016年改正法の方針

長期的な趨勢として高齢者人口が増加し，要介護者が増える傾向はあったが，2016年改正の背景には，「団塊の世代」が75歳以上になる2025年が迫っているという危機感があった。

法改正に先立つ研究会の報告書（厚生労働省雇用均等・児童家庭局，2015）の冒頭には，次のような問題意識が記されている。

「平成37年には団塊の世代が75歳を超え，75歳以上の高齢者人口が2,179万人（18.1％）となることが見込まれている。75歳から79歳の高齢者の要介護・要支援の認定率は14％となっており，65歳から69歳と比較して10％ポイント程度上昇するため，介護が必要な高齢者が増加すると考えられる。／（中略）団塊の世代において要介護・要支援が増加することは，団塊世代ジュニア層が介護の課題に直面することを意味している。直近の数字を見ると，過去５年間で約44万人が介護・看護を理由として離転職を余儀なくされている（平成24年）。また，介護をしつつ働いている者は，特に40代50代の働き盛りが多く，その世代の介護の負担が増すことが予想されるが，その世代の従業員は，企業において中核的な人材として活躍している場合も多く，また，一旦離職すると再就職が困難になる場合等が想定される。こうした人材の離職を防ぐことは，企業の持続的な発展のためにも，また，労働者にとっても重要となっている」（厚生労働省雇用均等・児童家庭局，2015 p.2）。

このような認識のもと，研究会において従来の両立支援制度の枠組みを大幅に見直す議論が重ねられ，2016年の法改正（2017年施行）が行われた。以下では，この改正の要点を示しながら，育児・介護休業法のもとでどのように仕事と介護の両立を図ることができるかを解説しよう。

2016年の改正事項は以下のとおりである。

１）介護休業：対象家族１人につき通算93日，３回まで分割して取得可能
　（従来は対象家族１人につき要介護状態に至るごとに１回通算93日）

２）介護休暇：年間５日，半日単位で取得可能

（従来は１日単位。なお，2021年から時間単位になる。）

３）介護のための所定労働時間の短縮等の措置：

以下のＡからＤのいずれかの制度を介護休業とは別に利用開始から３年の期間で２回利用可能にする。（従来は介護休業期間と合わせて93日）

Ａ）所定労働時間の短縮措置（短時間勤務）

Ｂ）フレックスタイム制度

Ｃ）始業・終業時刻の繰上げ・繰下げ（時差出勤）

Ｄ）労働者が利用する介護サービスの費用補助その他これに準じる制度

４）介護のための所定外労働の免除：

介護終了までの期間について労働者が請求できる権利（新設）

５）対象家族：配偶者，父母，子，配偶者の父母，祖父母，兄弟姉妹，孫（祖父母・兄弟姉妹・孫について同居かつ扶養の要件を撤廃）

改正前と改正後の違いを図にしたものが**図表２-１**である。前述のように従来の仕事と介護の両立支援制度は要介護状態が発生した最初の時期（始期）の対応を想定して設計されていた。しかし，改正法では要介護状態の発生から介護終了までの全介護期間を視野に入れた制度設計がされている。

筆者は，前述の「今後の仕事と家庭の両立支援に関する研究会」に参集者（構成員）として出席し[2]，研究会報告書に参考資料として掲載されている労働政策研究・研修機構の調査結果を研究会で報告してもいる。その経験から，2016年改正法における制度の拡充にあたって，当初は２つの議論の方向性があったことを先に述べておきたい。

１つは，介護休業期間を延ばし，短時間勤務制度を単独で義務化するといったように，なるべく介護に時間を割けるようにする考え方である。

たとえば，法定を上回る介護休業制度を整備している「先進企業」の中には１年以上の介護休業を取得できるところもある。介護休業は1999年から企業の義務となっているが，その年に行われた厚生労働省『平成11年度女性雇用管理基本調査』（1999年）によれば就業規則等に介護休業制度の規定がある事業所のうち規定の介護休業期間を「３か月まで」としている事業所は63.7％であり，

1年以上は25.9%（「1年」が25.1%，「1年を超える期間」が0.8%）であった。しかし，500人以上の大規模事業所に限定すると「3か月まで」は26.3%，1年以上が64.9%（「1年」が60.5%，「1年を超える期間」が4.4%）あった。両立支援制度が充実しているといわれる大企業は，法定を大きく上回る介護休業期間を早くから認めていたといえる。こうした先進企業に倣って法改正すべしというのが1つの考え方である。研究会でも，こうした法定を上回る期間の介護休業制度がある企業に聞き取りを行っている。

もう1つの方向性は，介護休業の分割取得を可能にし，定時までは勤務する前提で残業や休日労働といった所定外労働の免除を新設することで，なるべく出勤しながら介護に対応できるようにするという考え方である。

大雑把にいえば，前者の立場は育児と同じ発想で介護を拘束の強いケアとし

図表2-1　2016年改正法における仕事と介護の両立支援制度

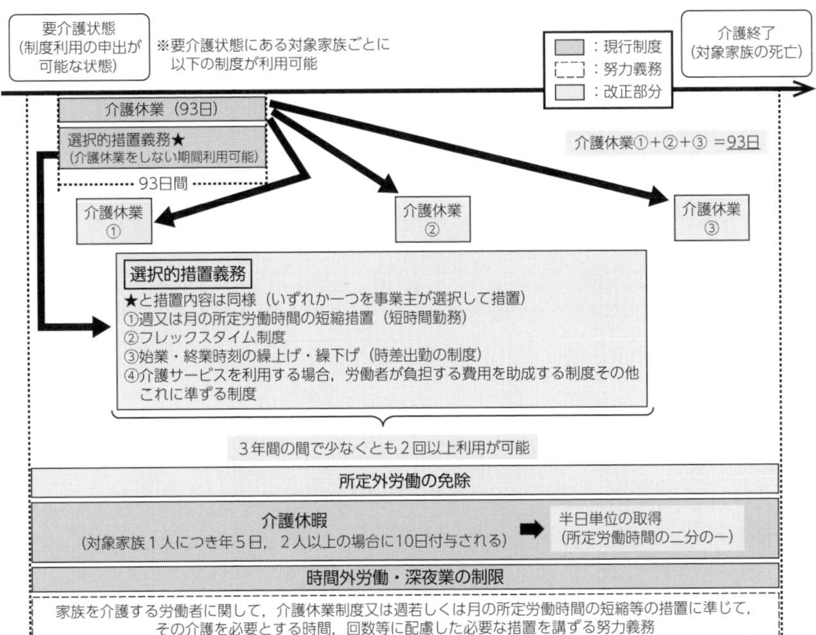

出所：厚生労働省（2020）p.8

て仮定しているが，後者は育児と異なる発想で介護の実態に合わせた制度設計を志向しているといえる。介護は育児に比べて拘束が強くないと第１章で述べたが，ケースによっては付きっ切りの介護を必要とすることもある。さらに，同居や近居であったら通常勤務をしながら介護に対応できる場合でも，遠距離介護では頻繁に要介護者を訪問できないため３か月を超える介護休業を取る必要が生じるということもある。介護は多様であるため個別の事情を勘案すれば前者の改正を望む声もあるだろう。だが，全国一律の最低基準として考えた場合には，後者の視点での改正が現実的であるという結論になった。

その詳細を以下でデータとともにみていくことにしよう。その多くは，法改正に先立ってとりまとめた厚生労働省雇用均等・児童家庭局（2015）の参考資料集からの引用である。この参考資料集によって，改正事項の検討にあたって，どのようなデータが参照されたのか理解することができる。

3　制度設計の考え方

⑴　緊急対応のための介護休業

1995年制定当時の育児・介護休業法は介護休業期間と取得回数を「対象家族１人につき３か月まで１回」としていたが，2004年改正法から「対象家族１人につき，要介護状態に至るごとに１回，通算93日まで」になった。2016年改正法からは93日の範囲内で「対象家族１人につき３回まで」の分割取得が可能になっている。３回の分割回数は最低基準であるため，個別企業においては法定を上回る４回以上の分割を認めても良い。その考え方を整理しておこう。

はじめに介護休業制度の趣旨を確認しておきたい。介護休業の考え方は1995年制定の育児・介護休業法の考え方を当時の労働省が出したガイドライン（労働省婦人局編，1993）と専門委員会の報告書（労働省婦人局編，1994）に示されている。

まず，介護休業期間の「３か月」であるが，要介護状態の終了まで介護に専念するという想定に立てば，３か月で介護が終わることは稀であり，短いという評価になるのは納得できる。しかし，介護休業は要介護状態の終わりまで介護に専念することを想定した制度ではない。介護休業制度は，家族が要介護状態になった直後（急性期）の介護に対応し，その後の回復期に介護生活の態勢を整えることを想定している。要介護状態になる高齢者の典型的症例である脳血管疾患において発病から要介護者の状態が安定するまで約３か月を要すること，この時期は年次有給休暇（年休）や欠勤で対応できないことから介護休業期間は３か月とされた（労働省婦人局編，1993 p.77）。

なお，この３か月をすべて介護休業で対応するのではなく出勤しながら勤務時間を変更することで対応しても良いという趣旨で，短時間勤務，フレックスタイム，時差出勤のいずれかを講ずる「勤務時間短縮等の措置」も同時に義務づけられた。またこれらの代わりに介護に要する経費を援助する措置でも良いとされた。

ここでいう緊急対応とは，家族以外の者が代替できない介護への対応をいい，具体的には入退院等の手続きや治療方針の判断といったことが該当する。介護の態勢づくりは，退院後の介護と仕事を両立するために長期的な方針を決めて，必要な準備を行うことである。具体的には，在宅介護か施設介護かの検討，介護事業所の選定，介護について予備知識を得るための情報収集，要介護認定の手続きとケアプランの策定，家族との介護の分担の協議等であり，在宅介護の場合はバリアフリー住宅への改築といったことも含まれる。

初期の介護休業は介護の始期のみを想定したものであったが，実際には介護の途中の時期（中期）と介護の終わりが見えてきた時期（終期）にも，介護態勢を組みなおす必要が生じることを想定して，2016年改正法では３回の分割取得を可能にした。それは以下のような認識にもとづく。

中には骨折のように治療とリハビリによって介護を必要としない状態まで快復して要介護期間が終わるケースもあるが，高齢者が要介護状態になる原因の二大疾患である脳血管疾患と認知症の場合は快復しないまま要介護者が亡くなって介護が終了する方が圧倒的に多い。その場合，「介護開始時には在宅介護を行ったのち，施設介護へ移行する世帯が少なくなく，急性期対応のほか，介護施設間の移動，病院への入退院，在宅介護中の要介護者の状態が大きく変化した場合，末期の看取りなど，現行の育児・介護休業法における要介護状態が継続した場合であっても複数回，介護体制を構築する場合が考えられる」（厚生労働省雇用均等・児童家庭局，2015 p.12）。

前述した脳血管疾患や認知症だけでなく，高齢による衰弱（老衰）等，多くのケースにおいて，時間の経過とともに要介護者の身体機能は低下し，家族の介護負担は増していく。だが，どのように要介護状態が推移するか，その見通しをあらかじめ立てることは容易ではない。１回を原則とする従来の育児・介護休業法の規定では，この１回をどのタイミングで取得したら良いか判断が難しい。この「取り控え」が低い取得率の一因になっているのではないかという問題意識が法改正の背景にある。

この取り控えをしないで済むよう，最初に介護休業を取って在宅介護の態勢を構築した後，介護が長期化して徐々に要介護者の状態が悪くなって介護負担に耐えられなくなった場合，再度の介護休業を取得して介護施設の下見や入居手続きを可能にした。さらに，要介護者の死亡という形で介護の終了が近づいてきたときに，たとえば末期がんの治療のために先進的な医療を受けられる病院に移る，ターミナルケアのためにホスピスに移るといった形で３度目の休業を取ることができる，そのような想定である。

図表２-２は，研究会で検討されたデータであるが，介護開始当時の勤務先

図表２-２　介護休業を分割できた場合の継続就業率

介護休業の分割

	継続	離転職
休業期間を分割できた	87.7% ↑ 6.2%	12.3%
休業期間を分割できなかった	81.5%	18.5%

（参考）介護休業の延長

	継続	離転職
介護休業が３か月超	82.2% ↑ 2.2%	17.8%
介護休業が３か月まで	80.0%	20.0%

資料：労働政策研究・研修機構（2015）をもとに厚生労働省作成
出所：厚生労働省雇用均等・児童家庭局（2015）参考資料集p.47

の介護休業制度が分割取得を認めている場合には，分割取得できない場合より，介護開始時と同じ勤務先で調査時まで仕事を続けている割合（継続就業率）が6.2%ポイント高い。それだけ離職抑制効果が期待できることを示している。一方，法定の3か月を超える介護休業を取得できる場合も3か月までの場合に比べて継続就業率は高いが，その差はわずか2.2%ポイントである。この結果も踏まえ，1回の休業期間を延ばすことよりも分割取得が基本方針となった。

(2)　働くための介護休業

すべての企業が従うべき最低基準を定める育児・介護休業法においては，3か月を超える介護休業を一律に義務化する必要性は認められていない。だが，早くから介護休業制度の充実に取り組んできた先進企業には，3か月を超える期間の介護休業制度があるところは少なくない。そして，実際に3か月を超える期間の介護休業を取っているケースもある。

図表2-3は法改正直前の2015年に行われた厚生労働省「平成27年度雇用均等基本調査」から，介護休業取得者の取得期間別割合を示している。法定の3か月に着目して割合をみると，男女計で「1か月～3か月未満」が31.7%，「1週間未満」が31.8%というように，1か月以上か1週間未満かの二極化傾向がみられる[3]。これを男女で比較すると，男性は「1週間未満」の割合が46.2%で最も高く，女性は「1か月～3か月未満」が37.2%で最も高い。法定の期間では女性の方が取得期間が長い。法定を上回る期間の取得者においても，女性が約25%，男性は約20%であり，やはり女性の方が取得期間は長い。

法定の3か月を上回る介護休業は勤務先に法定を上回る制度がなければ取得

図表2-3　取得期間別介護休業後復職者割合

	1週間未満	1週間～2週間未満	2週間～1か月未満	1か月～3か月未満	3か月～6か月未満	6か月～1年未満	1年以上
女性	24.8	1.9	9.6	37.2	10.4	10.6	5.5
男性	46.2	12.1	0.1	20.2	19.8	1.1	0.5
男女計	31.8	5.2	6.5	31.7	13.4	7.5	3.9

出所：厚生労働省「平成27年度雇用均等基本調査」(2015年)

できない。したがって，制度が許せば取得期間は**図表２-３**より長くなる可能性がある。そこで，もし自由に介護休業を取得できるとしたらどのくらいの期間取得したいかを介護者に聞いてみたのが，**図表２-４**である。このデータは研究会で検討された調査結果であるが,「93日以内」は全体の15.1％に過ぎない。特に介護開始当時の勤務先を辞めて現在非就業の「離職」は「93日以内」が1.7％と著しく低い。ただし,「離職」した者で目立って高い介護休業期間は「わからない」(61.7％）である。

介護はいつまで続くかわからない。そうであるなら，必要な介護休業期間も予測できなくて当然である。特に介護休業を介護の準備・態勢づくりではなく，介護に専念する期間と考えて長期の介護休業を取得する場合は，なおさら分からなくて当然であろう。そうした事情を考慮して介護休業期間の上限を定めずに必要なだけ取得できるという規定にしている企業もある。だが，いつ復職するか分からないことを前提とする人事労務管理を，社会的責任の観点から企業に負担を求める趣旨で，法定の義務とするのは望ましくない。そのように言い出したら，どんな制度でも事前に上限を決めずに必要に応じて利用できる方が従業員にとっては使いやすくて当然である。敢えて上限を設けるとしたら，その期間はどのくらいかと問うたときに，明確に特定できる上限はないということが重要である。

図表２-４　介護開始時勤務先での離転職有無別希望する介護休業期間（介護開始時正規雇用）

	93日以内	93日超6か月以内	6か月超1年以内	1年超2年以内	2年を超える期間	わからない	取りたくない	N
継続	16.7%	7.1%	11.3%	4.4%	8.4%	45.1%	6.9%	406
転職	16.1%	7.6%	4.2%	5.1%	11.0%	50.0%	5.9%	118
離職	1.7%	8.3%	6.7%	3.3%	11.7%	61.7%	6.7%	60
全体	15.1%	7.4%	9.4%	4.5%	9.2%	47.8%	6.7%	584

分析対象…2000年４月以降介護開始かつ介護開始時正規雇用

注：継続…介護開始時と同じ勤務先で現在就業
　　転職…介護開始時と別の勤務先で現在就業
　　離職…介護開始時の勤務先を辞めて現在就業

出所：労働政策研究・研修機構（2015）p.29

育児・介護休業法制定当時の制度設計の考え方に従うなら，介護休業は緊急避難的に取るものである。これは仕事を離れて介護に専念することを支援するのではなく，一時的に仕事ができない事態に直面しても復職できるように支援するというように理解できる。その趣旨に照らして考えるなら，なるべく長く休むよりもなるべく早く復職できるように支援した方が良いともいえる。

育児・介護休業法は介護休業の規定ができる前，育児休業の規定をもつ育児休業法として制定された。その育児休業法では子が１歳に達するまでの育児休業（育休）を企業に義務づけている。この規定を産後１年間は仕事を休んで育児に専念できる，そのように育休を理解している場合，介護休業についても同じように「１年くらいは仕事を休んで家族のために時間を使えて良いのでは」という発想になっても不思議ではない。

しかし，育児・介護休業法は，育休についても仕事を休んで育児に専念するための制度とは定めていない。育児・介護休業法の第１条には次のように法の目的が示されている。

「この法律は，育児休業及び介護休業に関する制度並びに子の看護休暇及び介護休暇に関する制度を設けるとともに，子の養育及び家族の介護を容易にするため所定労働時間等に関し事業主が講ずべき措置を定めるほか，子の養育又は家族の介護を行う労働者等に対する支援措置を講ずること等により，<u>子の養育又は家族の介護を行う労働者等の雇用の継続及び再就職の促進</u>を図り，もってこれらの者の職業生活と家庭生活との両立に寄与することを通じて，これらの者の福祉の増進を図り，あわせて経済及び社会の発展に資することを目的とする。」（下線は引用者）

育児休業や介護休業，その他の両立支援制度は，「労働者等の雇用の継続及び再就職の促進」を図るために定められている，つまり就業支援が目的である。この趣旨に沿って育休については，子が１歳に達した時点で保育所に入ることができないといった事情がある場合には１歳６か月まで休業を延長することができ，2017年改正法からはさらに２歳に達するまで延長することが可能になった。背景には都市部での深刻な保育所不足がある。つまり，就業支援としての育休には，産後休業（産休）が終わってから子どもを保育所に入れて復職するまでの「つなぎ」という意味合いがある。

同じように介護についても要介護状態になった直後の家族以外の者がケアをできない状態からサービスの利用開始によって出勤が可能になるという育児に似た側面がある。しかし，介護施設はさておき在宅介護サービスに限れば，要介護状態になってからそれほど長い期間待たずに利用を開始することが可能である。この点でも介護は育児と違う。育休と同じようにサービス利用開始までの「つなぎ」と考えても介護においてはそれほど長い休業は必要ない。

背景には介護保険制度のもとでの在宅介護サービスの大幅な普及・拡大がある。育児・介護休業法が制定された1995年当時はまだ介護保険制度がなく，在宅介護サービスは自治体による措置として提供されていた。法定介護休業期間の３か月は当時の制度を背景にしたものであるが，その後，2000年に介護保険制度が施行されると民間事業者の参入が増え，介護サービスの供給量は飛躍的に増加した。また要介護認定を受けてサービスの利用を開始するまでの手続きに要する期間も短くなった。現在の介護保険制度では要介護認定の申請から，訪問調査を経て，結果が出るまで約１か月とされている。だが，入院中でも介護保険の申請は可能であるため退院後すぐにサービスの利用を開始するということが一般的に可能である。

こうした背景を踏まえて，介護をすることよりも仕事をすること，つまり早く復職することに力点を置いて介護休業を取ることが望ましい。これを誤解して，介護に力点を置き，介護休業期間を入浴や食事，排泄といった日常生活行動に関する身体介護にあててしまうと，法定の３か月では到底復職できない可能性が高くなる。三菱UFJリサーチ＆コンサルティング（2013b）は離職者と継続就業者の介護休業の取り方を比較しているが，仕事を続けている場合は「入退院の手続き」「手助・介護の役割分担やサービス利用等にかかわる調整・手続き」を目的に介護休業を取っている割合が高い。その意味で，介護休業を取って就業継続している介護者においては制度の趣旨に沿った利用がされているといえる。反対に，「入浴や排泄等の身体介護」「定期的な声かけ（見守り）」のように要介護者に直接的な介護をする目的で介護休業制度を取った場合は，休業を取ったとしてもその後に離職している可能性が高い（三菱UFJリサーチ

＆コンサルティング，2013b. pp.46-47）。こうした実態を踏まえて，就業継続支援として効果的な介護休業制度を設計する必要がある。

⑶　介護休暇と介護保険の手続き

介護休業はそれほど長い期間必要としない場合であっても，介護サービスの利用を開始してからは月１回，ケアプランにもとづくケアのモニタリング（実施状況確認）等に時間を割く必要が生じる。そのための休暇として年間５日間の介護休暇を考えた場合，年間５回では足りない。

だが，**図表２-５**に示すように，介護保険サービスを利用するための一つ一つの手続きに丸一日を費やす必要はない。どの手続きも１時間以内に収まる。2009年改正法で新設された介護休暇はほかに通院の付き添い等に対応することが念頭に置かれている（厚生労働省雇用均等・児童家庭局，2008）が，いずれにしても丸一日休む必要はないことから，2016年改正法では介護休暇の取得単

図表２-５　介護保険を利用する上で家族に求められることがらと所要時間

①要介護認定申請	②認定調査	③事業所との契約	④アセスメント☆	⑤サービス担当者会議☆	⑥ケアプランへの同意（補助）☆	⑦☆モニタリング☆
■新規 手続 （５～20分） 自宅から窓口までの移動時間 ■更新 CM代行可能 ※年１回程度	約１時間 ※年１回程度	約40分 ※事業所ごと ※当該事業所の利用開始時のみ	約60分 ※利用するサービス事業所ごとに必要 ※半年に１回程度	約30～60分 ※半年に１回程度	約10分 ※単体での実施もあるが，サービス担当者会議と併せての実施が多い	約30～60分 ※毎月

☆印は，基準省令に家族の同席等が規定されている項目
CMとは，ケアマネジャーの略
①②は新規，更新，変更の申請があり，サービス利用にあたっては④～⑦のプロセスが必須である。
④～⑦のプロセスは，①②の実施時，退院退所時，ケアプラン変更時に必須となる。
引用：地域福祉ケアマネジメント推進研究会　H26年度資料集

出所：厚生労働省雇用均等・児童家庭局（2015）参考資料集p.40

位を１日単位から半日単位に柔軟化している。さらに，2021年からは時間単位で取得できるようになるが，厚生労働省雇用均等・児童家庭局（2015）の研究会報告書においても時間単位が望ましいという問題提起がされていた。

実際に，**図表２-５**が示すように介護保険の手続きに半日も時間を割く必要はない。また法定の年間５日を半日ずつ消化すると年間に取得できる回数は最大で10回にとどまる。これでは月１回のモニタリングに毎月立ち会うことはできない。このような細々とした介護の諸手続きに対応するため，昨今は勤務時間中に職場を離れて介護の用事を済ませて職場に戻る「中抜け」を行う介護者が目立つようになっている。昼休み前に職場を抜けて午後に戻るといったように仕事の合間（アイドルタイム）をうまく活用して介護の責任を果たす方法である。そして，この中抜けを可能にすることが介護離職の抑制につながることを示唆する調査結果もある（労働政策研究・研修機構，2015 p.43)。2021年から認められるのは中抜けなしの時間単位休暇であるが，研究会報告書には「就業時間中に中抜けを認めている事業所において，継続就業率が高い傾向がみられたこと等を踏まえつつ，柔軟な取得が可能となるよう検討すべきである」（厚生労働省雇用均等・児童家庭局，2015 pp.13-14）という記述もある。

⑷　勤務時間短縮の必要性

働きながら日常の介護を担う両立支援制度として2016年改正の大改革ともいえる制度改定が勤務時間に関わる両立支援制度の拡大である。これまで介護休業と代替的に利用できる制度して定めていた勤務時間短縮等の措置を，介護休業とは別に３年間利用できるようにした。加えて，所定外労働の免除を新設し，これについては何年という期限を定めずに，介護が終わるまで利用できるようにしている。

勤務時間短縮等の措置については，短時間勤務，フレックスタイム，時差出勤（始業・終業時刻の繰上げ・繰下げ），介護サービスの費用補助の中から企業が選択して制度を設けることが義務づけられている。このうち，短時間勤務制度については，子育てのための制度が単独で義務になっている。同じように介護についても短時間勤務制度を単独で義務化すべきか研究会で検討された。

しかし，短時間勤務制度の必要性はそこまで高くないという結論になった。

その根拠の1つとなったのが，**図表2-6**である。図の上段は介護開始時の勤務先の短時間勤務制度の有無別に調査時点までの継続就業率を示しているが，制度がある場合に継続就業率が高まるという結果にはなっていない。ただし，当時の法定の短時間勤務制度は介護休業と合わせて93日までであるため，インフォーマルに勤務時間を変更している可能性がある。そこで，**図表2-6**の中段に制度の利用にこだわらず，実質的に所定労働時間を短縮した場合の継続就業率を示しているが，この場合も継続就業率が明らかに高いとはいえない。これに対して，**図表2-6**の下段に示す所定外労働の免除制度が介護開始時の勤務先にあった場合は継続就業率が高い。

この結果から，所定労働時間を短縮する必要はないが，所定労働時間を超える就業については規制が必要という認識が生まれ，法改正につながった。短時

図表2-6　**短時間勤務制度・所定外労働の短縮・所定外労働の免除制度の有無別の継続就業率**

短時間勤務制度

※介護短時間勤務については，介護休業とあわせて93日の範囲内で義務化

	継続	離転職
短時間勤務制度あり	78.1%	21.9%
短時間勤務制度なし	87.0%	13.0%

所定労働時間の短縮

※勤務先の制度の有無にかかわらず，所定労働時間の短縮を行った者について比較

	継続	離転職
所定労働時間短縮あり	78.8%	21.2%
所定労働時間短縮なし	78.4%	21.6%

↑0.4%

所定外労働の免除制度

	継続	離転職
所定外労働免除制度あり	91.9%	8.1%
所定外労働免除制度なし	79.1%	20.9%

↑12.8%

資料：労働政策研究・研修機構（2015）をもとに厚生労働省作成
出所：厚生労働省雇用均等・児童家庭局（2015）参考資料集p.62

間勤務のニーズについては第３章と第６章で詳述するが，ここではデータの解釈として以下の点を述べておきたい。

第１章で言及したように，介護においてはケアを必要とする家族を付きっ切りでみていないといけないケースがそれほど多くない。このケアの性質の違いが育児と介護における短時間勤務のニーズに表れている可能性がある。

たとえば，子育てにおいては，親以外の保育者がいない状況で子どもを一人自宅において出勤することはできないため，保育時間が短い乳幼児期には必然的に短時間勤務のニーズが生じる。介護においても，サービスの利用時間との関係で，デイサービスの送迎時刻が介護者の出退勤時刻に合っていないことから短時間勤務のニーズが発生することがある。しかし，デイサービスの利用者すべてに短時間勤務のニーズが発生するわけではない。家族が送迎に立ち会う必要のない事業者もある。高齢者介護の対象はケアが必要であるとはいえ成人である。一般的にいえば，手足に不自由があっても１～２時間であればベッドに横になったり，ソファに座ったりして，一人でいることはできる。そのために所定労働時間を短縮してまで介護に時間を割く必要が高くないと考えられる。デイサービスへの送り出しの準備で出勤が遅れるというような場合には時差出勤やフレックスタイムで，所定労働時間の長さは変えずに出退勤時刻だけを柔軟に調整するという方法をとっても良い。そのような趣旨で2016年改正法においても介護については短時間勤務を単独で義務化せず，選択的措置義務にとどめている。

ただし，短時間勤務の必要はなくても，所定労働時間を超える残業は夕食や就寝準備等の介護の予定を狂わせる原因となる。現実的には長期化した介護期間を通じて全く残業をしないということは難しいだろう。その場合は，残業をするために，夜間の訪問介護サービスやショートステイ，家族との分担等により，介護者の代わりをあらかじめ用意する必要がある。そうした代わりを用意できない恒常的な残業や突発的な残業は，日々の介護の予定が立たなくなるという意味で，仕事と介護の両立を難しくする可能性が高い。

もう１つ，今後の介護と仕事の両立においては，短時間勤務にともなう所得ロスを考慮する必要がある。つまり，自ら家計を支えながら介護を担う単身者や男性の介護者が増えていることを考えれば，ノーワーク・ノーペイの原則で勤務時間を減らした分だけ収入が減るという両立支援は当事者に優しい制度とはいえない。この点も，夫婦が稼得とケアを分担することを前提に所得ロスをあまり考慮せずに短時間勤務を拡大してきた育児とは事情が異なる。

4　なるべく仕事ができることを基本に

(1)　大きく１回より小さく複数回

育児と同じように，介護においてもまとまった時間仕事から離れて，その時間を家族のケアに使えるようにした方が良い。そのような発想が従来の両立支援制度にはあった。しかし，今日の制度設計の考え方は「介護は育児と違う」という発想を起点にしている。育児はなるべく家庭に時間を割けるようにした方が離職防止になるが，介護はなるべく仕事ができるよう柔軟にした方が離職防止になることが分かってきたのである。

2016年改正法に表れた両立支援制度の一部は，そのでき上がった結果だけをみれば育児支援と同型に映るかもしれない。たとえば，３年間に拡大された介護のための勤務時間短縮等の措置は，３歳までの短時間勤務制度と似ている。しかし，考え方は育児と逆である。2016年改正では所定外労働の免除を新設しているが，所定労働時間は通常勤務をするという考え方にもとづいている。一方，短時間勤務は選択的措置義務のままであり，所定労働時間の長さは変更しないフレックスタイムや時差出勤でも代替できるようにしている。

介護休業期間を延ばしたり，介護休暇の日数を増やしたり，短時間勤務を長くしたりして，大きい単位で勤務の仕方を変える制度を１回にまとめて利用できる制度は，仕事と介護の両立を図る当事者の実態にあまり合っていない。それよりも，短い期間で復職できる介護休業や，同じく短い時間で職場に戻れる介護休暇，残業は免除されるが定時までは働くというように小さい単位で何度も利用できる制度の方が当事者にとって使いやすいようだ。

⑵ 法定を上回る制度の考え方

自社の両立支援制度の充実を図り，法定を上回るものにする場合も，なるべく仕事をしながら介護に対応できるようにすることを基本とした方が良い。

もちろん制度拡充にあたって介護休業や短時間勤務の期間を延ばしたいという声は出てくるだろう。だが，その声をそのまま聞き入れるのではなく，背後にある介護の実態に目を向けて制度のあり方を考える必要がある。

かつては育児と同じ発想で，法定を上回る期間の介護休業制度を整備している企業を「先進企業」とみなしていた。しかし，介護について，その先進企業によく話を聞いてみると，法定を上回る期間の立派な介護休業制度はあまり利用されていないようだ。それよりも，年次有給休暇（年休）と同じように１日単位で利用できる有給の特別休暇が利用されているという話もよく耳にした。失効した年休を積み立てて利用できる休暇制度は有名である。こうした先進企業の経験も踏まえて，従来とは逆の考え方で制度のあり方を一から見直したのが，2016年改正の育児・介護休業法である。

したがって，介護に割く時間を大幅に増やす方向での制度拡充には慎重を期した方が良い。仮に１年間の介護休業を取って介護に専念しても１年後に復職できる状態にあるとは限らない。休業期間を延長することができたとしても，いつまで延長したら復職できるかを事前に判断することは難しい。短時間勤務についても法定の３年間を１年上回る期間利用できるようにしても，その１年後に介護負担が軽くなっているとは限らない。介護に時間を割けるようにすることで，当事者が介護へのコミットメントを強めると仕事に戻れなくなるという心配もある。

そうした事態を避けるために，たとえば介護休業や短時間勤務と代替可能な制度としてテレワークを導入することは検討に値するだろう。遠距離介護等で，職場に来ることが難しくても自宅で仕事ができるなら，介護休業で完全に休んでしまうのではなく，テレワークで多少でも仕事をした方が良いという考え方である。短時間勤務の代わりにテレワークをして通勤時間を節約し，勤務時間は減らさないという方法もある。

介護はいつまで続くか分からない。そうであるなら，いつまで続いても仕事に及ぼすマイナスの影響が小さい制度が望ましい。法定を上回るとは，法定の数字を上回る規定を備えた制度をつくるという意味ではなく，仕事と介護の両立のしやすさが法定を上回るという意味で理解することが重要である。そのような趣旨で，なるべく仕事を離れる時間を短くして介護に対応することを基本にした方が良い。

POINTS

◆ 介護離職を防止するためには，長期間の介護休業等によって介護に専念する時間を増やすより，介護休業の分割取得等，なるべく仕事を離れる時間を短くして介護に対応できるようにした方が良い。

◆ １回に必要な介護休業期間は短いが，介護が長期化した場合には，在宅介護から施設介護に移行する準備や終末期の対応等，介護休業を複数回取得する必要が生じる可能性がある。

◆ 日常的な介護においては，短時間勤務より，所定労働時間は勤務しながら残業や休日労働はしない働き方の方が適している。

注

1　育児・介護休業法の内容は『育児・介護休業法のあらまし』という題名で厚生労働省が解説を出している。同省のホームページ（http://www.mhlw.go.jp/bunya/koyoukintou/pamphlet/34.html）でも全文を閲覧することができる。

2　本シリーズ責任編集者の佐藤博樹教授（中央大学大学院）が座長を務め，武石恵美子教授（法政大学）も参集者の一人であった。

3　法定の介護休業期間は「93日まで」であるため，厳密にいうと３か月「未満」ではなく，３か月「以内」が法定の範囲内ということになるが，６か月に近い「３か月～６か月未満」は法定を上回るため，ここでは「３か月未満」を法定の範囲内として読むことにする。

第3章

両立支援制度の利用と介護保険サービス

介護は育児と異なり，休業や短時間勤務といった両立支援制度の利用率が低い。そもそも休業や短時間勤務を必要とする介護者が少ない。背景には介護保険制度による介護サービス（介護保険サービス）の供給拡大がある。しかし，家族の介護を代替するほどには介護保険サービスが提供されておらず，今後も十分に供給される可能性は低い。育児・介護休業法が1995年に制定された当初は，日常的な介護を直接的に担うのではなく介護のマネジメントをすることが家族の役割という想定であったが，実態としては日常的な介護についても企業の両立支援を必要とする場面が目立つ。介護保険制度は，家族の介護役割を定義しておらず，介護サービスが不足したときには企業の両立支援で対応すべき介護の範囲が無限定に拡大していく可能性がある。当事者の役割意識においても，入浴や着替え等の日常生活の介護を専門的なサービスではなく家族が担うことを強く否定しているわけではない。介護サービスの供給制約が深刻になれば，日常的な介護を継続的に担う負担が増し，これによって介護離職が増えることが懸念される。

1 少ない制度利用者

育児・介護休業法は，仕事と介護の両立支援の柱として介護休業を企業に義務づけている。1999年に法が施行されてから，就業規則等に介護休業制度の規定がある事業所の割合（規定率）は順調に上昇してきた（**図表3-1**）。しかし，その取得者は極めて少ない。介護休暇の取得者も少ない。総務省『平成24年就

図表３-１　介護休業制度の規定率

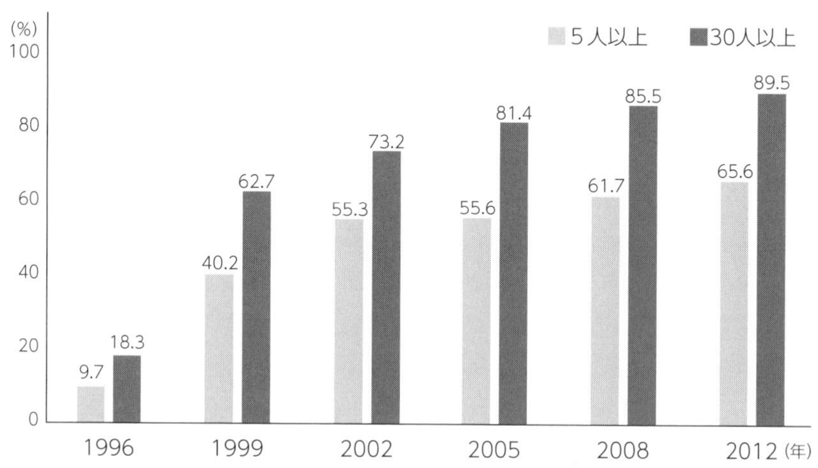

出所：厚生労働省『平成24年度雇用均等基本調査』(2012年)

業構造基本調査』(2012年) において介護をしている雇用者に占める介護休業取得者の割合は3.2%，介護休暇は2.3%であった。正規従業員に限定しても介護休業取得者は3.9%，介護休暇は3.4%である（厚生労働省雇用均等・児童家庭局，2015 参考資料p.16)。

実は，介護休業や介護休暇という制度の利用者は少ないが，年次有給休暇（年休）等，他の休暇制度を含めれば，介護のために仕事を休む雇用者自体は少なくない（袖井，1995；労働政策研究・研修機構，2006a・2006b・2007；三菱UFJリサーチ&コンサルティング，2013b)。年間５日の介護休暇については年休で代替できる日数であるため，無給の介護休暇よりも有休の年休を優先して利用する従業員が多いことによる。一方，介護休業については，これが設計当初の想定通りであるなら，３か月もの期間を年休で代替することはできないはずである。しかし，実際は介護休業を取得しない理由として「未消化の年休で足りた」という割合が高い（袖井，1995)。つまり，３か月という長期休業の必要性を想定して介護休業制度は設計されているが，大多数のケースにおいては未消化の年休等を利用することで足りているようである。

こうした実態を踏まえて，2016年改正育児・介護休業法は93日を３回に分割して取得できるよう改正したが，その前提にあるのは１回の介護休業期間はそれほど長くなくて良いという考え方である。単純に計算して１回の休業期間は93日÷３回＝31日（１か月）で足りるという想定である。それでも長期の介護休業は必要だという考え方は依然として根強い。

また，日々の身の回りの世話や手助け・見守りといった日常的な介護に対応するために，2016年改正法は勤務時間短縮等の措置の期間を３年までに拡大したが，育児と異なり，短時間勤務制度を単独で措置することを義務化することはしていない。フレックスタイムや時差出勤のように，勤務時間の長さは所定通りで，出退勤時刻のみを調整するという方法でも良い。さらに，定時までは勤務するが所定外労働（残業や休日労働）は免除されるという制度の方に強い義務を課している。それでも短時間勤務は必要性の高い制度であると認識している企業や労働者は少なくないようだ。

こうした長期の介護休業や短時間勤務の整備が介護でも必要とする発想は，やはり育児支援の考え方を引きずっている可能性がある。すなわち，出産・育児期の離職防止のために，まずは育児休業が必要であり，復職後は短時間勤務の必要性が高いという育児の発想を介護に投影しているのではないだろうか。しかし，介護は育児とは異なる。特に家族の代わりにケアを行う社会的サービスの供給体制が育児と介護では大きく異なる。この点に着目して，仕事と介護の両立支援のニーズについて検討しよう。

2　介護休業・短時間勤務のニーズ

⑴　低い介護休業ニーズ

はじめに介護休業がどのような場面で必要とされているか，具体的にみることにしよう。法律の想定は，前章で示した。ここでは，実際の取得者の事例を２つ紹介したい。１人目は池田（2013）のYDさん（男性）。２人目は労働政策研究・研修機構（2006b）のＪさん（女性）である。

１人目のYDさんは介護休業を２回取得している。国立大学の大学院を修了後，大手メーカーに入社し，研究開発部門を経て特許・知的財産部門に勤務していた。実父が脳出血の後遺症から要介護状態になり，同居して介護をしていたが，大腸がんを発病した。手術直後は通常の休暇では対応できないと判断して，１回目の介護休業を１か月取得した。勤務先の人事部からは介護休業は「93日間取れる」といわれたが，実際の取得期間は１か月にした。理由は，父が長い入院生活に適応できるか不安があったため，早めに退院して介護サービスを利用するつもりだったからだという。２回目の介護休業は，父が介護サービス利用中の交通事故に遭った後，約２週間取得した。父親がデイケアで入浴中に骨折し，そのための通院の送迎をデイケアがしてくれていたが，その途中で交通事故に遭ったのである。車椅子のシートベルトの装着が不十分だったようで，父親は慢性硬膜下出血になった。症状は２週間ほどで収まったが，通所リハビリ施設で体力の回復を図ることになった。しかし，次第に父親は食事をできなくなり，介護食のゼリーしか受け付けなくなった。デイケアの職員に任せると「食事を拒否されました」といわれて終わってしまうため，介護休業を取って食事をさせていたという（池田，2013 p.7）。

交通事故というのは例外的な事態であるが，こうした問題も含めて緊急対応のための休業取得という趣旨は育児・介護休業法の想定に合っている。当時は分割取得が法制化されていなかったが，１か月と２週間の介護休業を１回ずつという取り方は2016年改正法の考え方に沿うものである。

2016年改正法がもう１つ想定している終末期介護の事例を２つ目に挙げよう。末期がんで余命３か月の診断を受けた実父の介護のために３か月の介護休業を１回取得したＪさん（女性）である。１人目のYDさん（男性）とは別の大手メーカーに勤務し，営業からマーケティングの部門に異動したばかりのタイミングで父の介護が必要になった。父は東京の病院で治療を受けていたが，月に10日入院して退院し，在宅で過ごし，また入院というサイクルを月に２回繰り返す生活だった。Ｊさん自身は２日に１回群馬の実家に帰って介護をしていたが，両親が住む群馬から東京都内の会社までは片道３時間。通勤を負担に感じていたことから介護休業取得を決断した。業績評価が半年単位だったことから，評価期間の期末３か月に取得をした。介護休業中は，通院介助と入院中の洗濯や食事の買い物，父の気分転換のために一緒に外出や旅行をし，物理的な介助と精神的なケアの両方を全体的に行っていたという。

余命３か月という診断は，法定介護休業期間の93日と合うようにみえるが，実際の余命は１年を超えた。勤務先の介護休業制度は最長２年利用できたが，先がわからなかったため，延長せずに復職したという。介護休業の再取得も勤務先の制度では可能あったが，復職して仕事を始めたら休みづらかったため再取得はしていない。このように医師の診断でも介護に要する期間を確実に予測できるわけではない。終末期介護であっても，介護の終わりまで介護休業を取って介護に専念することは現実的ではないといえる。

法定の介護休業期間については，当初３か月程度必要という前提で「３か月に１回」とされたが，その後にそれほど長期の休業ニーズが生じるケースは少ないことが明らかになり，現在では93日（約３か月）を３回に分割して取得できるようになっている。前章でみたように，介護休業の取得期間は１週間未満と１か月以上に二極化している。取得者だけをみると長期の介護休業を必要とする介護者も少なくないように思える。だが，取得者のデータには取得していない者のニーズは反映されていない。そこで，介護休業を取得していない者も含めて介護休業のニーズを確認してみよう。

短期の介護休業と年休の代替的関係は育児・介護休業法制定前から指摘されており，袖井（1995）は労働省婦人局「介護を行う労働者の措置に関する実態調査」(1991年）から「主介護者になる確率の高い女性では,『年休の取得で足りた』に集中し，これに『収入減となるため』を合わせると,原則として無給の介護休業を回避したいという気持ちを読み取ることができよう」（袖井,1995 pp.15-16）と述べている。引用しているデータでは女性の50％が「年休の取得で足りた」と回答している。なお，男女合わせた主介護者の回答では65％が「年休で足りた」としている。また，西本（2012）は介護のために労働者が選択する休業形態の違いに着目して，介護休業と介護休暇の規定要因が異なることを指摘している。

そのような実情を踏まえて制度の種別を問わず，介護のために連続休暇が必

図表3-2 介護のために必要な連続休暇期間の割合—男女別—

	必要なし	2週間未満	2週間以上 1か月未満	1か月以上 3か月未満	3か月以上	N	x^2値
全体	84.9	7.6	1.7	3.2	2.6	344	−
男性	94.6	2.2	2.2	0.0	1.1	93	11.709*
女性	81.3	9.6	1.6	4.4	3.2	251	

注：*5％水準で有意
出所：池田（2010）p.93

要だと感じている割合を**図表3-2**に示す。ここに示す連続休暇のニーズは，介護休業制度の利用に限定されない。たとえば，2週間未満であれば，介護休業を取得するケースもあれば未消化の年休で対応しているケースもある。全体の84.9％が介護のために連続休暇は「必要なし」と答えており，男女とも「必要なし」の割合が最も高い。つまり，介護休業の取得者が極端に少ないのは，介護休業という連続休暇のニーズ自体が低いことによるといえる。

ただし，池田（2010）・Ikeda（2017a・2017b）では，介護のための連続休暇の必要性を感じている介護者は離職する確率が高いことも，統計データの分析から明らかにされている。池田（2016）では介護開始時の勤務先に介護休業制度がある場合には介護離職を抑制する効果があることも明らかになっている。第2章では分割取得と離職の関係もみた。要するに，多数とはいえないが，介護離職を回避するために介護休業を必要としている介護者はいる。両立支援制度の導入においてはニーズが量的に多いか少ないかという観点は重要であるが，介護はその実態が多様であるため，1つの制度に利用者が集中しない可能性が高いことにも留意する必要がある。個々の介護の実情に応じてニーズが分散している場合には，必要性の切実さという質的な側面にも目を向ける必要がある。その観点からいえば，介護休業を切実に求める介護者は一定数いるのであり，制度の導入と利用しやすい環境の整備は必要であるといえる。

しかし，そうはいっても，介護者のニーズが介護休業制度を設計した当時の想定となぜ異なるのかは確認しておく必要があるだろう。それは介護の準備・態勢づくりという意味で，介護休業制度の設計当時と大きく状況が変化したことにある。最も大きな変化は2000年の介護保険制度の施行である。次節でこの

図表３-３　介護のための勤務時間短縮等の措置の制度の有無及び最長利用可能期間別事業所割合

	調査年	制度あり（%）	制度がある事業所の最長利用可能期間（%）					
			93日	93日超1年未満	１年	１年超	不明	計
何らかの制度あり	2005年	38.3	(75.2)	(5.4)	(10.5)	(8.3)	(0.6)	(100.0)
	2008年	45.4	(75.9)	(4.6)	(7.7)	(11.8)	−	(100.0)
短時間勤務制度	2005年	34.6	(77.8)	(4.2)	(11.2)	(6.1)	(0.7)	(100.0)
	2008年	39.9	(80.5)	(5.1)	(8.0)	(6.4)	−	(100.0)
フレックスタイム	2005年	5.8	(58.0)	(6.8)	(13.4)	(21.3)	(0.5)	(100.0)
	2008年	6.4	(60.6)	(4.8)	(13.2)	(21.3)	−	(100.0)
始業・就業時刻の繰上げ・繰下げ	2005年	18.4	(74.9)	(5.9)	(10.0)	(9.0)	(0.2)	(100.0)
	2008年	20.7	(67.9)	(5.3)	(10.2)	(16.6)	−	(100.0)
介護サービスの費用補助	2005年	1.8	(41.1)	(7.4)	(25.7)	(23.9)	(1.9)	(100.0)
	2008年	1.8	(56.3)	(4.3)	(8.2)	(31.3)	−	(100.0)

出所：厚生労働省『平成17年女性雇用管理基本調査』（2005年）
　　　厚生労働省『平成20年雇用均等基本調査』（2008年）

問題を取り上げるが，その前にもう一つ，短時間勤務のニーズをみておこう。

⑵　短時間勤務のニーズも低い

1995年制定の育児・介護休業法は，介護休業とともに，勤務時間短縮等の措置として短時間勤務制度，フレックスタイム制度，始業・終業時刻の繰上げ・繰下げ（時差出勤制度），介護サービスの費用補助のいずれかを講ずることを企業に義務づけていた。つまり，介護休業制度が想定する緊急事態への対応にあたって，休業の代わりに勤務時間を柔軟にして対応するという選択肢を用意していた。その期間は介護休業と合わせて３か月（93日）であり，要介護状態になった始期の緊急対応と準備・態勢づくりは家族以外の者が代替できないが，その後の日常的な介護については介護サービス等で代替可能という制度設計で，勤務時間についても考えられていた。しかしながら，現実には態勢づくりが終わった後の日常的な介護にも家族が対応している。そのような実態を反映してか，個々の企業の制度においては３か月を超える期間の勤務時間短縮等の措置が広がっていく。

図表3-3は2005年とその3年後の2008年に厚生労働省が行った事業所調査の結果である。2005年は育児・介護休業法施行の6年後である。勤務時間短縮等の措置に相当する何らかの制度を導入している事業所の割合は2005年に38.3%であったが，2008年には45.4%に上昇している。注目したいのは，「1年超」の割合である。これは2016年改正法と同様に，長期にわたって日常的な介護に対応することを想定した期間であると考えることができる。その割合は2005年の8.3%から2008年には11.8%に上昇している。2016年改正に先行して，先進企業は介護の長期化に対応した制度を導入していたといえる。

具体的な制度としては，短時間勤務制度の導入割合が最も高く，2005年の34.6%から2008年は39.9%に上昇している。ただし，「1年超」については2005年が6.1%，2008年は6.4%であり，ほとんど上昇していない。この上昇幅が大きい制度としては「始業・終業時刻の繰上げ・繰下げ」が9.0%から16.6%「介護サービスの費用補助」が23.9%から31.3%に上昇している。つまり，介護のための短時間勤務制度が最も普及しているが，その期間は短い。介護の長期化に対応した制度として短時間勤務制度が普及した様子はみられない。

その後，2016年改正法から，日常的な介護に対応した短時間勤務制度が選択的措置義務となった。これを受けて仕事と介護の両立の実態を改めて調査した，労働政策研究・研修機構（2020a）では現在介護をしている雇用就業者を対象に，短時間勤務を行っているか，行っていない場合はその必要性を認識しているかを示している。

図表3-4にその結果を示す。短時間勤務は企業が設けた制度を利用するものであるが，実態としては現場の裁量で出退勤時刻を変更し，実質的な短時間勤務を行うということがある（労働政策研究・研修機構，2006b）。この点を考慮して「制度を利用」と「制度を利用せずに短縮」を分けて短時間勤務をしている割合を表の上段に示している。勤務先の短時間勤務制度を利用している割合は7.1%，勤務先の制度は利用しないで短縮しているのは6.6%であり，両方を合わせても1割程度（13.7%）に過ぎない。ただし，短時間勤務制度がない企業で現場の裁量において行う短時間勤務は例外的な措置である。通常は制度がなければ短時間勤務はできない。そこで，短時間勤務をしていない回答者

図表３-４　介護期間別　調査時の短時間勤務とその必要性

現在の短時間勤務（所定労働時間短縮）の有無

	勤務先の短時間勤務制度を利用	勤務先の制度は利用しないで短縮	短期間勤務	所定労働時間不足	N
全体	7.1%	6.6%	71.3%	14.9%	799
3年以内	6.0%	6.3%	74.5%	13.1%	381
3年超	8.1%	6.9%	68.4%	16.5%	418

現在は短縮していない労働者の短時間勤務の必要性

	ある	ややある	あまりない	ない	N
全体	2.8%	15.6%	41.8%	39.8%	570
3年以内	3.5%	14.1%	41.2%	41.2%	284
3年超	2.1%	17.1%	42.3%	38.5%	286

出所：労働政策研究・研修機構（2020a）p.10から引用

に短時間勤務の必要性を尋ねた回答割合を**図表３-４の下段**に示している。必要性が「ある」（2.8%）と「ややある」（15.6%）の合計は18.4%にとどまり，必要性を感じていない方が多数である。

なお，2016年改正法は勤務時間短縮等の措置の期間を３年に拡大しているが，その制度を介護の始期から利用しなくても良い。要介護状態がそれほど重くなく，介護負担が軽いうちは通常の勤務をし，時間の経過にともなって介護負担が重くなってきてから短時間勤務を行うということでも良い。その観点から，介護期間が「３年以内」と「３年超」に分けた結果も**図表３-４**には示しているが，「３年超」になると短時間勤務を行っている割合やその必要性が高くなるという傾向はみられない。

3　介護保険サービスとの関係

(1)　サービス利用手続きに要する期間

育児・介護休業法は1995年に制定され，1999年に施行されている。その一方で，翌年の2000年に始まった介護保険制度により，介護サービスの供給が飛躍的に増加した。特に在宅介護サービスの利用拡大により，介護休業取得の必要性は低下したことがデータ分析によって明らかになっている（池田，2010）。

介護保険制度にもとづくサービス（介護保険サービス）の利用手続きは**図表3-5**の通りであるが，要介護認定の申請から通知まで30日以内に行うことを原則としている。介護保険制度のもとで利用できる介護サービス（以下，介護保険サービスと略す）には大きく分けて「施設サービス」「居宅サービス」「地域密着型サービス」の３種類がある。

施設サービスとは介護施設に入居して生活をしながら受けるサービスである。介護老人福祉施設（特別養護老人ホーム。通称，特養）が有名であるが，ほかにも介護老人保健施設（老健），介護療養型医療施設，介護医療院がある。

次の居宅サービスには，さらに自宅でサービスを受けるもの，施設に通ってサービスを受けるもの，施設に宿泊するものの３種類がある。自宅でサービスを受ける居宅サービスは訪問介護（ホームヘルプ）が代表的であるが，ほかに訪問入浴介護，訪問リハビリテーション，訪問看護，居宅療養管理指導がある。

図表３-５　介護保険制度における介護サービスの利用手続き

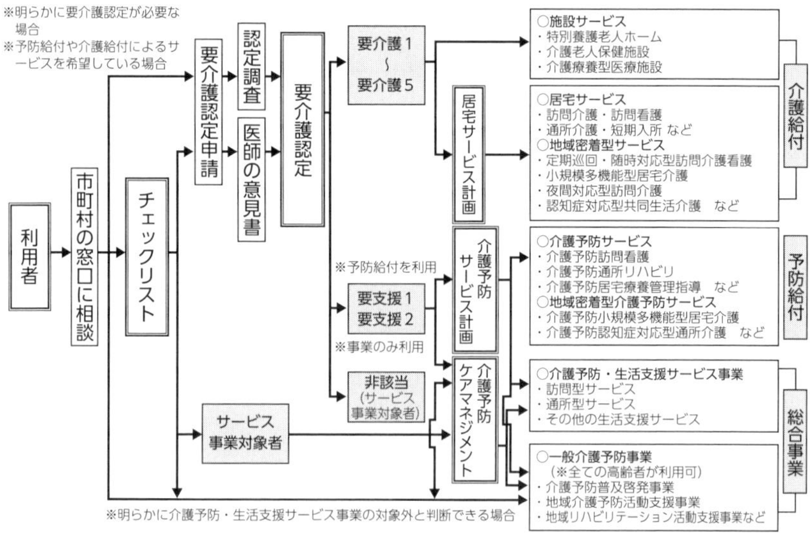

出所：厚生労働省老健局（2018）p.17

施設に通ってサービスを受けるものとしては通所介護（デイサービス）が代表的であるが，ほかに通所リハビリテーション（デイケア）がある。施設に宿泊してサービスを受けるものとしては短期入所生活介護（ショートステイ）が代表的であるが，ほかに短期入所療養介護（医療型ショートステイ），有料老人ホームで介護を受ける特定施設入居者生活介護がある。

最後に地域密着型サービスとは，地域で生活する要介護者を訪問したり施設に受け入れたりして行うサービスであり，小規模多機能型居宅介護や認知症対応型共同生活介護（グループホーム）が有名であるが，ほかに看護小規模多機能型居宅介護，地域密着型通所介護，認知症対応型通所介護，定期巡回・随時対応型訪問介護看護，夜間対応型訪問介護がある。

在宅介護の場合は要介護度が決まると「居宅サービス計画」（ケアプラン）を作成してサービスの利用が始まる。要介護認定の申請は，要介護者が入院しているときからできる。要介護者本人の代わりに家族が申請できるだけでなく，病院のソーシャルワーカーが自治体の介護保険窓口や地域包括支援センターと連絡を取って手続きをすることもできる。

特別養護老人ホームのような施設については待機数の多い地域もあるが，訪問介護や通所介護といった居宅サービスについては，ほとんど待つことなく利用を開始できる。つまり，要介護状態が発生した直後に申請手続きを始めれば３か月も待たずに介護保険サービスの利用を開始できる。

これにより，介護休業制度の設計時に想定していた脳血管疾患の発症から症状が安定するまでの３か月間に関しても家族が付きっ切りで介護をしないといけない状況ではなくなっている。入院しているその間に要介護認定の申請をし，退院と同時に在宅介護サービスを利用するということが可能なのである。

もちろん家族が要介護認定の申請をしたり，介護サービスを提供する事業者を選定したりする場合には仕事を休む必要が生じる。介護保険を利用して住宅をバリアフリーに改修することもある。そのような事情で仕事を休む介護者は少なくない。だが，まとまった期間まったく出勤できなくなるわけではないため，介護休業より年休等で柔軟に休む方が対応しやすい。

要するに，介護休業の取得者が少ないのは介護保険サービスの供給体制の整備により，介護休業制度が想定する長期の連続休暇を必要とする介護者が少なくなったからだといえる。

(2) 在宅介護サービスの利用時間

短時間勤務のニーズについても介護保険制度が大いに関係している。すなわち，介護保険サービスの利用時間と自身の勤務時間が合わないという理由から短時間勤務の必要性が発生する。ただし，介護保険サービスは家族の就業状況を問わないため，厳密にいうと，介護をする家族の仕事を含む生活の諸活動にサービスの利用時間が合っていないとその活動が制約されるということになる。このことは統計データでも確認されており，介護サービスの利用時間が働く介護者の生活に合っていない場合には短時間勤務のニーズが相対的に高くなることが明らかになっている（労働政策研究・研修機構，2020b p.11）。

図表3-6は，在宅か施設かという観点から介護保険サービスを分類している。完全に在宅で介護を受けるサービスが「訪問系サービス」であり，それ以外は何らかの形で介護施設でサービスを受ける。「通所系サービス」と「短期

図表3-6 介護保険サービスの体系

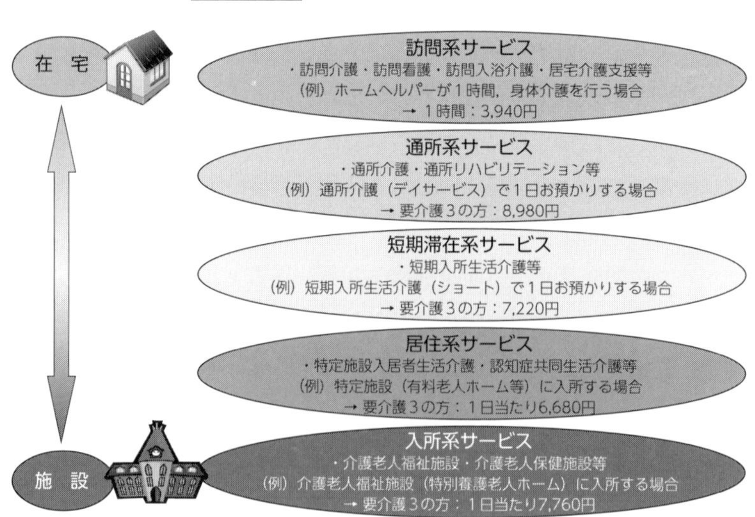

出所：厚生労働省老健局（2018）p.14

滞在系サービス」は前述の居宅サービスに含まれる。通所系よりも短期滞在系の方が自宅から離れて施設に滞在する時間が長いという意味で，施設介護の度合いが高いという位置づけになる。有料老人ホームで生活をする特定施入居者生活介護や認知症共同生活介護（グループホーム）は，施設に居住して介護を受ける「居住系サービス」だが，施設の性質としては共同生活の場という意味合いが強い。施設に住んで介護を受けるという意味では，居住系と入所系は同じであるが，特別養護老人ホームのような介護を受けることを目的とした「入所系サービス」よりは居住系の方が，在宅的色彩が残されている。

当然のことであるが，**図表3-6**のうち在宅の要素が強いサービスほど，家族の介護に依存する度合いは高く，これを支援する企業の役割も大きくなる。同じ居宅サービスでも短期滞在系は宿泊をともなうため要介護者は家族から離れる時間が長くなる。その時間を利用して，介護を担う家族も宿泊をともなう出張や残業ができる。通所系と訪問系を比べても，通所系では要介護者がまとまった時間施設に滞在してサービスを受けるため，その間に家族は仕事をすることができる。

最も家族への依存度が高いのは訪問系サービスを単独で利用する場合である。**図表3-6**にサービスの料金も示しているが，訪問系は時間単位で料金が設定されており，１日中ホームヘルパーが自宅にいて介護を提供するということではなく，お昼の前後１時間や夕方の１時間といったように時間単位で訪問して介護をする。それ以外の時間はサービスを受けられないため，通所系等，ほかの介護保険サービスに比べて要介護者が１人で過ごす時間は長くなる。そのことから，家族がフルタイム就業を断念することもある。

この分類から明らかなように，介護の初めから居住系や入所系の施設サービスを利用できたら短時間勤務のニーズは，それほど大きくないだろう。中でも，特別養護老人ホーム（特養）は日常生活全般で介護が必要な高齢者を対象にしており，最もポピュラーなサービスである。しかし，2020年度時点で，特養は要介護３以上でないと利用できない。また，要介護３以上でも特養への入所待ちが多い地域もある。他の施設は要介護１から利用できるが，介護老人保健施設（老健）はリハビリテーション，介護療養型医療施設と介護医療院は医療的ケアを必要とする高齢者が対象であり，用途は限られている。したがって，生活全般の介護ということで考えると，まずは自宅で生活をしながら居宅サービスや地域密着型の在宅介護サービスを利用するのが一般的である。

このうち，仕事と介護の両立という問題において，勤務時間との関係が最も問題になりやすいのが，通所系サービスである。訪問系サービスを単独で利用して仕事と介護の両立を図るためには，介護を分担できる家族がいるか，要介護者がまとまった時間一人でいることができるということが前提となる。一方，通所系サービスの場合は施設に送り出せば，帰宅するまでは要介護者が一人になることはない。だが，通所系サービスの利用時間が介護者の勤務時間と合っていないという問題がある。そのために，勤務時間短縮等の措置のニーズが発生している。

厚生労働省（2018a）は，労働者向けに，介護保険サービスとの関係で勤務時間の調整方法を整理している。

１つ目は，短時間勤務の例である。要介護２の親は軽度の認知症であるが，症状が少しずつ進んできた。昼間に要介護者を家で一人にする時間が長いと不安だという問題に対し，通所介護と短時間勤務の組み合わせで，極力一人にしないという解決策を示している。通所介護は月～金に１日６時間位利用することで，一人で過ごす時間がないように調整する。通所介護は自宅まで送迎してもらえる場合が多く，短時間勤務制度を利用して，送迎時間に合わせて出社時間を調整するが，仕事が忙しい時期は，通所介護の延長サービスを利用し，残業にも対応している（厚生労働省，2018a p.7）。

２つ目は，フレックスタイムを利用している例である。要介護２の親に持病（難病）があり，午前中は体調が不安定。月数回の通院や，日々の食事準備・入浴等には介助が必要という問題に対し，フレックスタイムを利用することで，午前中は自宅で見守り，おおむね12時出社・20時退社で勤務。夕食の準備や入浴介助は，訪問介護と通所介護を組み合わせて対応するという解決策を示している。訪問介護は週５日（平日17時～18時30分）利用し，夕食の準備から食事の介助を依頼。また週１日は自宅での入浴介助も依頼。帰宅が 20時頃のため夕食は先に食べてもらっている（厚生労働省，2018a p.8）。

また，同じ事例の中で法定外の制度であるが，週１日は在宅勤務制度を利用し，この日は訪問診療を利用するという方法も示している。フレックスタイムを利用して，診察時間に合わせて勤務を早目に切り上げ，診察に同席して，医師に状況の確認や心配事の相談をしている。（厚生労働省，2018a p.8）。

もう１つ，フレックスタイムと小規模多機能型居宅介護の組み合わせ事例もみておこう。出張や残業等が月に数回あり，要介護４の親も状態が不安定であるため，状況に応じて介護サービスを柔軟に利用したいという問題に対して，小規模多機能型居宅介護を利用する解決案を示している。仕事や要介護者の状況に合わせて，通い，訪問，宿泊のサービスを柔軟に調整しつつ，送迎時間に合わせてフレックスタイムを活用するという方法である。宿泊や通いでの利用時間を増やすことで残業や出張対応ができる。送迎の送り出し・迎え入れはフレックスタイムを活用して勤務時間を調整し，通院時には半日単位の介護休暇を活用して付き添いをしている（厚生労働省，2018a p.8）

１つ目の事例は通所介護から要介護者が帰宅した後，一人で過ごす時間をつくらないという理由で短時間勤務制度を利用していた。短時間勤務の代わりに通所介護からの帰宅後に訪問介護を利用するという対応をする介護者もいる。

このようにサービスの利用時間と勤務時間を調整する必要から短時間勤務のニーズが発生するのは育児と同じ発想である。育児の場合は勤務時間を短縮するという方法だけでなく，延長保育によって保育時間を延ばすという選択肢もある。同じように介護においても，2012年の介護報酬改定によってデイサービスの提供時間を延ばす改正が行われている。旧所要時間は「３～４時間」と「６～８時間」であったが，新所要時間は「３～５時間」「５～７時間」「７～９時間」となり，旧来多かった６時間程度では報酬が減り，７時間以上にすると報酬が増えるようにされている。

図表3-7からも，デイサービスの利用によって，家族介護者は仕事と介護の両立を図りやすくなることがうかがえる。デイサービスの利用開始後に「両立しやすくなった」という割合は72.3％ある。さらにデイサービスの延長利用の有無別の結果をみると，延長利用した方は90.0％が「両立しやすくなった」としており，延長利用していない場合より両立しやすくなっているといえる。

図表3-7　デイサービスの延長利用別（仕事に就いている方）デイサービス利用開始後の，介護と仕事や家庭との両立への影響

	両立しやすくなった	変わらない	両立しにくくなった	わからない	無回答	N
全体	72.3%	20.1%	0.7%	4.0%	3.0%	2413
延長利用している	90.0%	7.3%	0.0%	0.7%	2.0%	150
延長利用していない	71.8%	20.7%	0.7%	3.9%	2.9%	2073
わからない	64.5%	23.7%	0.6%	7.7%	3.6%	169

出所：三菱UFJリサーチ＆コンサルティング（2018）p.25をもとに筆者作成

しかし，介護保険サービスの利用限度額は要介護度によるため，要介護度が低ければ追加的なサービスを保険適用では利用できないこともある。その場合は全額自己負担でサービスを利用することになる。つまり，お金が時間か，どちらかの負担が家族に生じることになる。

育児・介護休業法では短時間勤務とともに介護サービスの費用補助を選択的措置義務の一つに含めている。つまり，通常勤務をする代わりに追加的な介護費用を企業が負担するという支援の仕方でも良い。前出の**図表3-3**に示したように長期介護に対応した措置としては短時間勤務より介護サービスの費用補助の方を企業が選択していたことを示すデータもある。ただし，介護保険制度は要介護者を被保険者とするものであり，介護をする家族の残業や出張のために追加的なサービスを保険で利用することはできない。介護保険制度のもとでサービスを利用するなら，あくまでも要介護認定にもとづく限度額の範囲内ということになる。それを超えるサービスは保険適用外の全額自己負担ということになる。その場合のサービス費用は決して安いものではない。

ここで一つ，保険の限度額を超える介護サービスを利用してフルタイム勤務をしていた介護者の例を紹介しよう。労働政策研究・研修機構（2020a）のAさん（女性）は，認知症のある実母を同居で介護していたが，介護が始まった当時は旅行会社の管理職をしていた。最初の要介護度は１だったが，７年間の介護が終わる頃は要介護５になっていた。

介護保険サービスは，デイサービスを最初週１回利用していたが，その後２回，３回と増やし，４年目から週４回になった。また，残業があるときは２泊

～４泊のショートステイを月２回～４回利用して対応した。後に介護老人保健施設（老健）に１週間宿泊するサービスも利用している。デイサービスは，朝の出勤時間と介護施設側のお迎えの時間がずれていたため，介護保険を使ってホームヘルパーに送り出しを頼まなければならなかった。夕方のお迎えは，地域のNPOのヘルパー，見守りサービスで対応した。週に１回は妹が介護をしに来ていたし，残業がある日には夫が早く帰宅していたともいう。つまり，家族との介護分担もなかったわけではない。それでも，朝の送り出し・夕方のお迎えも含めて介護費用の持ち出しが多くなり，自己負担額が月30万円を超えてしまった。デイサービスとショートステイの組み合わせで，一時たりとも母が一人になる時間をつくらないようにしたという。

30万円を超えたというのは介護保険適用範囲も含めた総支出額であるが，**図表３-８**に示すように，要介護５では利用者の５％が支給限度額を超えてサービスを利用している。要介護４でも４％ある。低い比率ではあるが，稀とまではいえないだろう。要支援１から要介護５で限度額を超えている者の総数は８万5,000人を超える。支給限度額を超えれば全額自己負担であるが，それで

図表３-８　要介護度別の支給限度額と平均的な利用率

	人数	支給限度額（円）	受給者１人当たり平均費用額（円）	支給限度額に占める割合（%）	支給限度額を超えている者（人）	利用者に占める支給限度額を超えている者の割合（%）
要支援１	428,131	50,030	18,918	37.8	1,595	0.4
要支援２	545,086	104,730	33,434	31.9	836	0.2
要介護１	920,770	166,920	74,507	44.6	16,053	1.7
要介護２	828,217	196,160	104,047	53.0	29,710	3.6
要介護３	478,900	269,310	156,020	57.9	14,180	3.0
要介護４	318,318	308,060	189,613	61.6	12,656	4.0
要介護５	201,460	360,650	235,565	65.3	10,093	5.0
合計	3,720,882				85,123	2.3

資料：介護給付費等実態調査（平成29年４月審査分）をもとに作成
注：額は介護報酬の１単位を10円として計算。
出所：厚生労働省社会保障審議会（2017）

もサービスを使いたいというニーズが一定程度はあるといえる。

個別企業の両立支援においても，たとえば日本電気株式会社（NEC）は，介護環境整備支援金として，介護方法の見直しにより多額の出費が発生した場合，要介護３以上の親もしくは子の介護について一律20万円を支給する制度がある（日本経済団体連合会，2018 pp.93-94)。

ただし，誤解されていることが多いのだが，介護保険サービスの利用者はあくまでも要介護者であり費用を負担するのも被保険者である要介護者である。支給限度額を超えた部分についても，サービスを受けるのは要介護者である。要介護者自身が追加的な費用を払ってまで保険適用外のサービスを利用したいのか等の確認が必要である。

そのような実情を踏まえて，この追加費用を企業が負担してフルタイム勤務できるようにするか，代わりに短時間勤務を認めるかは，企業として判断が分かれるところであろう。

⑶　介護保険制度と家族介護の関係

介護サービスと保育サービスは企業の両立支援との関係において，同じような位置づけで理解されている。育児においては保育サービスの不足を育児休業（育休）の延長で補う法改正が2004年と2017年にされているが，介護においては介護保険制度による在宅介護サービスの飛躍的な供給増加が介護休業の必要性を低下させている面がある（池田，2010)。前述したサービスの利用時間と勤務時間の関係についても，介護に先行して育児で問題になり，2009年の改正・育児介護休業法から３歳までの短時間勤務が単独で義務化されている。介護における短時間勤務の必要性も同じ発想で問題にすることができる。

しかし，ここでも育児と介護の違いに留意する必要がある。認可保育所は，その利用認定にあたって保護者の就業状況を考慮するが，介護保険サービスは，原則として家族介護者の就業状況を考慮しない。家族が無業で介護に専念できる状態でも介護保険サービスは利用可能である。その意味で，要介護者に対する「介護支援」であっても，要介護者の家族の「仕事と介護の両立支援」のための制度であるとはいえない。それ以前に，介護保険制度は，その制度設計において要介護者の家族の存在を想定していない。

図表３-９に介護保険制度の枠組みを示す。介護保険制度は，被保険者が保険料を納付し，介護を受ける必要が生じたときに保険者である基礎自治体（市区町村）から，介護事業所を通じて介護サービスを受ける制度である。介護事業者からサービスを受けた料金の一部（2020年度時点では所得に応じて１割から３割）は被保険者である利用者（要介護者）がサービス事業者に直接支払うが，残りは保険者である基礎自治体が保険料から支払うという仕組みである。

留意したいのは，この介護保険の被保険者（つまり，制度利用者として受給資格がある者）は，介護をする家族ではなく，介護を受ける高齢者ということである。そのため，介護保険制度で提供される介護サービスの量と中身は，介護を受ける高齢者の要介護状態にもとづいて決定される。では，家族介護者の

図表３-９｜介護保険制度の仕組み

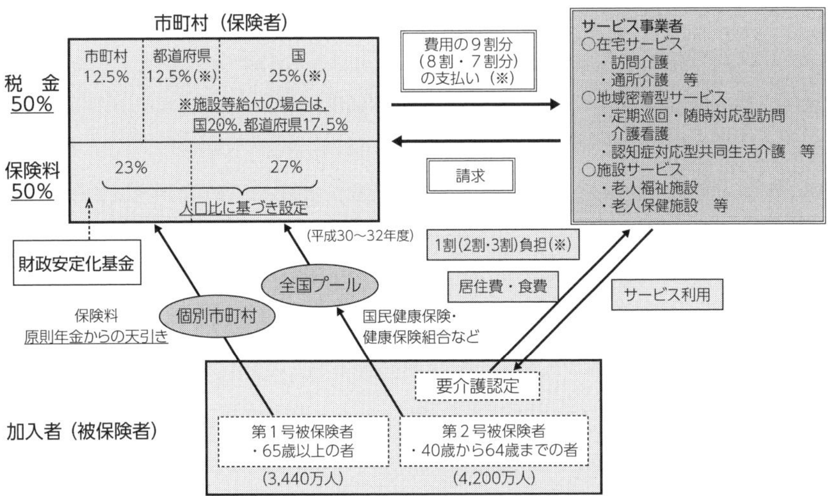

注：第１号被保険者の数は，「平成28年４月介護保険事業状況報告年報」によるものであり，平成28年度末現在の数である
第２号被保険者の数は，社会保険診療報酬支払基金が介護給付費納付金額を確定するための医療保険者からの報告によるものであり，平成28年度内の月平均値である
一定以上所得者については，費用の２割負担（平成27年８月施行）又は３割負担（平成30年８月施行）
出所：厚生労働省老健局（2018）p.13

存在はどこにいるのか。再び**図表3-9**をみると家族の存在はない。家族がいないのだから，家族の就業の有無が考慮されていないのは当然といえるだろう。

だが，介護保険制度が家族の存在を想定していないなら，家族は介護をしなくて良いのだろうか。要介護者にとって必要な介護を介護保険サービスですべてまかなえるなら，家族は何もしなくて良いという理解も可能だろう。しかし，これも第1章で述べたように，実際は介護保険サービスが家族の介護を完全に代替できているわけではなく，家族の日々の介護負担は依然として重い。

介護保険制度が，家族の存在を制度の中に位置づけていないのは，後述するように家族は介護をするという前提があるからである。介護保険の思想を解説した池田（2002）は，高齢者介護には「自助→互助→共助→公助」という「支援の順序」があるという。これを「サブシディアリティ原則」（principle of subsidiarity，補完性原理）という。「自助」は本人の努力であり，「互助」は家族や地域によるインフォーマルな自発的で無償の支援，そして介護保険制度は「共助」に当たるという位置づけである。最後の「公助」は介護保険以前の行政による措置制度の介護支援という整理がされている。つまり，家族による介護は「共助」のシステムである介護保険制度でなく，これに先立つ「互助」として位置づけられているのである。

このような整理にもとづいて，池田（2002）は次のようにいう。「介護保険で，本人の自助努力が無用になるわけでもないし，家族の役割がなくなるわけでもない。また，介護保険でカバーできないような特定のケースについては行政の支援が必要となろう。自助―互助―共助―公助のベストミックスが求められ，市区町村はそのコーディネートの役割を与えられたのである」（池田，2002 p.126）。その前の段落では「介護保険により，家族は介護の負担を大幅に緩和され，本来の互助の立場に立ち返ることができる」（池田，2002 p.126）とも述べている。

ここでいわれている「ベストミックス」は，まさに「介護の脱家族化」（社会化）への期待を表明するものであるといえる。だが，実際の介護保険制度による「共助」は家族による「互助」を大幅に代替するものとはなっておらず，逆に財政制約から「互助」への依存を強めている。第1章で言及した「介護の再家族化」（藤崎，2009）である。

そのような背景のもと，2016年改正育児・介護休業法は勤務時間短縮等の措置を３年に拡大し，所定外労働の免除を新設した。育児・介護休業法は法制度の設計にあたって家族の介護役割を定義している。どのような場面でどのような役割を家族が担うかが曖昧な状態で，休暇・休業や所定外労働免除を義務づけようとしても企業は納得しないだろう。一緒に働く上司や同僚の納得も得られないと思われる。制度の必要性を明確にするためには，家族が担うべき介護役割を定義する必要がある。役割を定義するということは，役割を課すとともに役割の範囲を限定する（つまり役割の境界を設ける）ということでもある。支援が必要な範囲が決まっているから，支援する企業の経営者や上司・同僚の理解が得られるということである。

一方，介護保険制度は，家族の介護役割を定義していない。定義がないということは，家族の役割が限定されないということでもある。何も課されていないのだから何もしなくて良いという理解も可能であるが，現実問題としては，無限定に何でもしなければならない。したがって，介護保険制度の財政制約にともなうサービスの不足に合わせて企業の両立支援のあり方を考えた場合，家族の介護役割の拡大に合わせて，企業の制度を際限なく拡充しなければならなくなる可能性がある。たとえば，所得保障つきで介護休業や短時間勤務を期限の定めなく取得できるようにすることも個々の企業では可能である。

しかし，いつ終わるかわからない介護に際限なくつき合うことを「両立」と呼べるだろうか。仕事の責任と介護の責任をともに果たすことができるようにすることが両立支援の目的である。そのために，仕事と介護の間に適切な線引きをする必要がある。両立支援制度は通常の仕事と家庭の境界線を介護というライフイベントに合わせて引き直す制度である。その境界線の引き方について，以下でもう少し考えてみよう。

⑷　家族と専門家の介護役割

育児・介護休業法は，脳血管疾患等の原因疾患を発症した際の緊急事態に対応することを想定して介護休業制度を定めている。介護休暇制度は通院の付き添いやケアマネジャーとの面談等を想定している。

これらの想定のポイントは「家族以外の者が代替できない介護を担う」ために必要な制度であるということである。裏を返せば，家族以外の者が代替し得る介護は専門家等に任せて家族は出勤することを想定している。

この点で，育児と介護では家族の責任が異なる。育児休業の対象である乳幼児のケアは第一の養育責任が親にあるという前提がある。保育施設のように社会的に子どもをケアする制度もあるが，家族以外の者が代替できる保育は他者に任せて良いという発想にはならない。両立支援についても，育児においては子育てをしながら仕事をすることを支援するのか，仕事を持ちながら育児をすることを支援するのか，支援の力点が仕事か育児か曖昧な面がある。

第２章でみたように育児・介護休業法の目的は就業支援，つまり仕事に力点を置いている。だが，次世代育成支援対策推進法（次世代法）は，企業による従業員の子育てを支援することに力点が置かれている。同法第１条は法の目的を次のように示している。

「この法律は，我が国における急速な少子化の進行並びに家庭及び地域を取り巻く環境の変化にかんがみ，次世代育成支援対策に関し，基本理念を定め，並びに国，地方公共団体，事業主及び国民の責務を明らかにするとともに，行動計画策定指針並びに地方公共団体及び事業主の行動計画の策定その他の次世代育成支援対策を推進するために必要な事項を定めることにより，次世代育成支援対策を迅速かつ重点的に推進し，もって次代の社会を担う子どもが健やかに生まれ，かつ，育成される社会の形成に資することを目的とする。」（下線部は引用者）。

次世代法の目指すところは「子どもが健やかに生まれ，かつ育成される社会の形成」であるが，子どもの親の就業には言及していない。したがって，同法が優良企業（くるみん・プラチナくるみん）の認定基準に男女の育児休業（育休）取得実績を含めているのは，産後の復職支援というよりは，仕事を休んで育児に時間を割くという意味合いが強いと理解できる。

育児においては，保育サービスで子どものケアを代替できるなら親は子育てをしなくて良いという話ではない。子どもの健全育成には，物理的な身の回りの世話だけでなく，親密な関係にもとづく愛着形成等，情緒的な関係の構築も必要である。したがって，たとえば男性の育休を考えた場合に，育休を取らないと男性自身が就業継続できなくなるわけではないが，だから育休は不要というわけではない。また，妻の産後8週間に認められる育休は妻が無職（専業主婦）の場合でも取得できる。このような育休は就業支援よりも子育て支援の意味合いが強いといえる。その意味で，次世代法が仕事より育児に力点を置いて両立支援を企業に求めることには社会的な意義がある。

一方，高齢者介護においては家族がケアを担うことが自明とされていない。もともとは老親と同居する長男の配偶者（嫁）の介護役割が自明視されていた（袖井，1989）。だが，介護者の続柄が多様化するとともに，任意性や共感性つまり自己選択として家族介護は理解されるようになっている（井口，2010 p.167）。自己選択といっても，自分が介護せざるを得ないという半ば強いられた選択はあるし，暗黙の規範として介護責任を負わないといけないという問題はある。しかし，育児のように法律の条文に明記されるような形で，親子関係や配偶関係を理由に介護責任を負うということはない。そのため，介護においては，家族以外の者に任せられない介護とは何かということが，制度設計において改めて問われることになる。

2016年の育児・介護休業法改正は，家族の介護役割を問い直した結果として，要介護状態になった始期からその終了まで介護を担いながら働けるよう大幅な制度改正を行っている。従来の想定とは異なり，家族が相当程度介護を担うことを想定して制度を見直しているという意味で，「介護の再家族化」に対応した改正だったということができる。ただし，この再家族化は介護者の希望というよりも，政府の社会保障政策の都合によるところが大きい。そこで，介護者は，どう思っているのかを改めて問うてみよう。介護をしている当事者は家族主義的な規範意識をもっているだろうか。

図表3-10は，家族と外部の専門家の望ましい介護役割に関する意識を介護項目ごとに示している。「すべて家族」「家族中心」は家族主義的，「専門家中心」「すべて専門家」は脱家族主義的な介護役割意識をもっているといえる。

初期の育児・介護休業法の想定は「入退院等の手続き」や「治療方針の判

断」は家族が行い，「入浴・食事等の日常生活」は外部の支援を受けるという分担であった。その観点からいうと，「入浴・食事等の日常生活」の介護を家族が担うべきという考え方は家族主義的意識がとりわけ強いといえる。そして，この「日常生活」の介護を専門家に任せず家族が担うことになれば，それだけ仕事を減らすことになるのは想像に難くない。

図表3-10をみよう。まず，初期の育児・介護休業法が想定していた緊急対応と態勢づくりに相当する「入退院等の手続き」と「治療方針の判断」についてみる。「入退院等の手続き」は「すべて家族」（43.2％）と「家族中心」（30.6％）の合計が73.8％，「治療方針の判断」は61.6％（31.6％＋30.0％）といずれも半数を超える。それだけ家族が担うべき介護役割として認識されているといえる。「買い物や通院等の外出」も「すべて家族」（37.3％）か「家族中心」（27.1％）の合計が64.4％ある。

これに比べて，「入浴・食事等の日常生活」は「すべて家族」（19.5％）「家族中心」（22.5％）の割合が低いのだが，それでも合計42.0％ある。このような意識が，「介護の再家族化」を受容し，日常的な介護に対応するための両立支援のニーズを生み出していると考えることができる。

実際に**図表3-11**が示すように，介護離職者は就業継続者に比べて，離職前に「排泄や入浴等の身体介護」を自ら行っていたという割合が高い。反対に就業継続者は「排泄や入浴等の身体介護」を事業者が行っている割合が高い。こ

図表3-10｜ 介護項目ごとの家族と外部の専門家の望ましい介護役割

	家族主義		中立	脱家族主義		N
	すべて家族	家族中心	家族と専門家が半分ずつ	専門家中心	すべて専門家	
入浴・食事等の日常生活	19.5%	22.5%	14.3%	23.5%	20.1%	671
買い物や通院等の外出	37.3%	27.1%	12.8%	12.4%	10.4%	671
入退院等の手続き	43.2%	30.6%	10.9%	8.6%	6.7%	671
治療方針の判断	31.6%	30.0%	15.6%	13.3%	9.5%	671
相談相手	22.5%	34.9%	24.9%	11.3%	6.4%	671

出所：労働政策研究・研修機構（2020b）p.38をもとに筆者作成

こでいう「身体介護」と前出の**図表3-10**の「日常生活」の介護は実質的に同じ内容を指しているとみなすなら，日常的に家族が介護を担うことを望ましいとする家族主義的な意識は介護離職のリスクを高める可能性があるといえる。

したがって，家族が日常的な介護を担うことを前提に介護離職を防止し得る両立支援のあり方を考える必要がある。日々の介護に時間を割けるよう，短時間勤務を拡充することは一つの選択肢であるが，実は，別の選択肢として，家族も専門家も介護をしないで要介護者が一人で過ごす時間をつくるということが解決策の一つとなり得る。専門家ではなく家族が介護を担うべきと考えている介護者であっても，仕事を犠牲にしてまで介護をするのではなく，要介護者

図表3-11　介護離職の有無別　働きながら担っている介護の内容

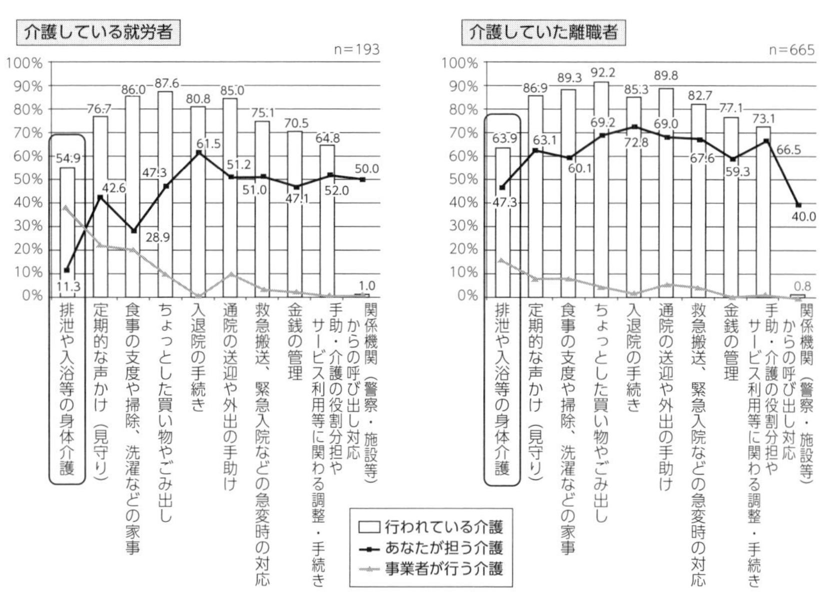

注：
・40歳代〜50歳代の就労者のうち，「介護を必要とする父母が1人」で「1人の父母を介護している」回答者のみを対象として集計
・各担い手の場合は，「行われている介護」を100として算出したもの

注：
・40歳代〜50歳代の介護を機とした離職者のうち，「介護を必要とする父母が1人」で「1人の父母を介護している」回答者のみを対象として集計
・離職前の介護状況について聞いている
・各担い手の場合は，「行われている介護」を100として算出したもの

出所：三菱UFJリサーチ＆コンサルティング（2013b）p.31，p.33

の自立を重んじ，適切な距離を保って介護をしようとする介護者が実は少なくない。この点は章を改めて第６章で取り上げることにする。

4　介護保険制度を前提とした両立支援

(1)　家族も介護をするという前提

1995年に制定された初期の育児・介護休業法は，長期にわたって日常的な介護を家族がするという想定ではなかった。介護休業も勤務時間短縮等の措置も，家族以外の者が介護を代替できない一時的な緊急事態にのみ対応するという考え方であった。そして，介護サービスの事業者の選定や利用手続きを通じて，介護のマネジメントをするのが家族の役割であるという想定であった。

折しも，1999年に育児・介護休業法が施行された翌年の2000年に介護保険制度が施行され，在宅介護サービスの利用は飛躍的に拡大した。日常的な介護はサービスに任せて家族は仕事に注力できるようになったかに思えた。それどころか，マネジメントの面でも，介護保険サービスの利用手続きにおいては，３か月もの長期間にわたる介護休業は必要なくなった。つまり，介護保険制度を機に，両立支援と介護サービスの関係は大きく変化した。

しかしながら，このことから企業の両立支援の役割が，介護保険制度によって大きく縮小したと結論づけるのは早計である。日常的な介護については，介護保険サービスが家族の介護を代替するには至っていない。当初は，介護保険制度によって「介護の脱家族化」（社会化）が実現し，家族は重い介護負担から解放されるかに思われたが，実際は現在も家族が相当程度の介護負担を負っている。「共助」の介護支援である介護保険制度は，家族をはじめとする「互助」の介護を前提としたシステムである。その意味で，家族が介護を担わないということは前提になっていない。むしろ，家族がいる場合は，家族が介護を担うことがシステムに組み込まれていると考えて良い。そうした家族への依存は，介護保険制度の財政制約とともに，ますます強くなっていく傾向にある。

いずれにせよ重要なことは，今日の高齢者介護政策において，介護保険制度は，その外枠を構成するものであり，企業における仕事と介護の両立支援も，介護保険制度を前提にしている面があるということである。つまり，介護保険制度が対応する部分では家族の介護負担が軽減され，企業の両立支援ニーズも低く抑えられるが，介護保険制度が対応していない部分では家族の負担が重く，両立支援へのニーズも高まるという関係がある。

⑵　家族の介護役割は不定形

介護保険制度の財政制約を背景に，家族が介護のマネジメントだけでなく，日常的な介護も担うということになれば，それだけ企業として両立支援を提供しなければならない介護の範囲も広がる。

より厳密にいえば，家族の介護役割はマネジメントという限定されたものではなく無限定になるのだから，企業の両立支援の範囲も無限定にならざるを得ない。両立支援と両輪を成す介護保険制度は，家族の介護役割を定義していないからである。定義（define）されていないということは，限定されていないということであるから，その範囲の際限がなく（indefinite）なるのは当然である。そもそも，介護保険サービスと家族の介護を代替的に考えて良いのかという問題すらある。介護保険制度は家族による介護を否定するものではなく，介護保険サービスを利用できれば家族は介護をしなくて良いというわけではない。家族は介護をすることが前提だとするなら，企業が行う両立支援は，介護保険サービスとは別の次元で家族介護者を支援する役割を担っているといえる。

関連して留意したいのは，介護保険制度の支援の対象は，被保険者として要介護認定を受けた高齢者であり，家族は高齢者の生活を支える環境として位置づけられていることである。つまり，家族の介護に介護保険が関心を持たないわけではないが，家族介護者を直接的な支援の対象とする発想はない。政府は「介護離職ゼロ」の対策の１つとして介護サービスの充実も挙げているが，現状では，働く介護者を介護サービスで支援することは，直接的にはできない仕組みになっているのである。

したがって，企業の両立支援と介護保険サービスの連携は重要であるが，その連携が上手くできる保障はない。家族の介護役割について企業とサービスがそれぞれに対応すべき役割分担が曖昧な現状の制度では，どちらからも十分な支援を受けられず，仕事と介護の責任で介護者が板挟みになる可能性は高い。たとえば，介護休業や短時間勤務といった企業の両立支援制度を使い切った後に，在宅介護から施設介護に移行するということは，今後財政的に難しくなるだろう。在宅介護についても，仕事の都合に合う介護保険サービスを必ず利用できるとは限らない。だからといって，企業の両立支援制度を際限なく拡充するわけにもいかないだろう。結果として離職してしまうことが危惧される。そうした事態を避けるための留意点として，両立支援制度を利用しないでなるべく通常勤務をしながら仕事と介護を両立することを第４章で，コミュニケーションの重要性を第５章で取り上げることにしたい。

POINTS

◆ 育児においてよく利用される長期休業や短時間勤務制度の利用率が介護においては高くないが，その背景には，介護保険制度による在宅介護サービスの供給体制の整備がある。

◆ 介護保険サービスの利用時間との関係では，短時間勤務だけでなくフレックスタイムや時差出勤を利用して柔軟にサービスと勤務時間を接合している。

◆ 介護保険制度は，家族の介護役割を定義していないことから，サービスの供給制約が高まれば，従業員の家族介護において企業の両立支援が対応すべき範囲は無限定になる可能性がある。

第 4 章

通常勤務と介護

仕事と介護の両立支援というと，つい介護休業や短時間勤務といった制度に関心が向きがちであるが，多くの介護者は通常勤務で仕事と介護の両立を図っている。働き方の柔軟性は離職防止に有効であり，特に在宅介護期間が１年以内の場合は始業・終業時刻を柔軟に変更できることが離職防止につながる。一方で，３年を超えて長期化した場合は仕事のスケジュールに余裕を持たせることが重要である。ただし，通常勤務をしていれば，仕事の責任を果たせているとは限らない。介護疲労による重大な過失や事故を起こしそうになるヒヤリ・ハット経験，ノルマ等の目標未達成といった形での仕事の能率低下が生じている可能性がある。離職や休業という形で従業員が仕事を離れることだけでなく，出勤していても十分には働けていないという問題にも目を向ける必要がある。この問題は男性において顕著であり，勤務時間外の介護負担が原因となっているため，労働時間管理にとらわれていたら見過ごしてしまう可能性がある。仕事を休まず勤務時間も変更せずに出勤している介護者の健康状態にも注意を向けることが重要である。

1　通常勤務で介護と両立するための課題

介護休業制度が想定するような連続休暇の必要性は介護離職の要因になり得るが，長期の介護休業を取得する必要性に直面する介護者は少ない（池田，2010）。短時間勤務のニーズも高いとはいえない。つまり，育児・介護休業法が定める特別な休暇・休業制度や特別な働き方の必要がある介護者は少ない。

図表4-1 介護を機に離職をした理由（離職者）

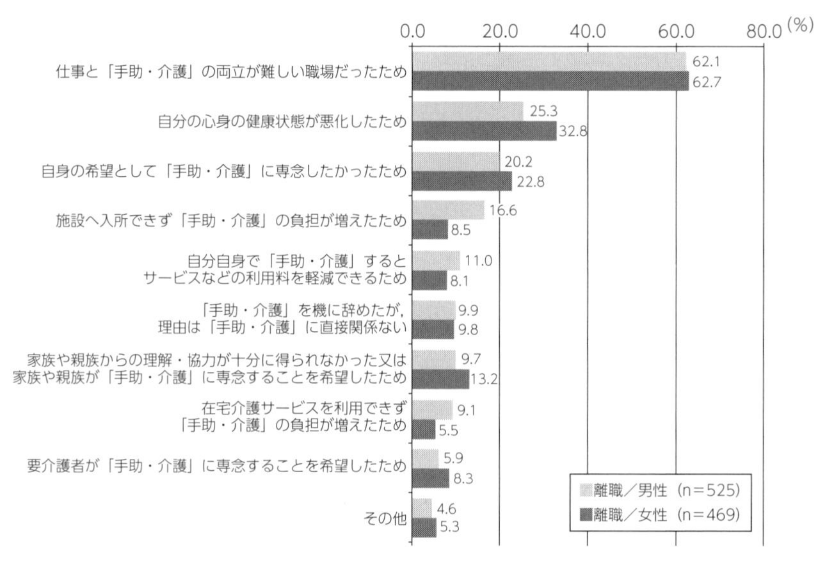

出所：三菱UFJリサーチ&コンサルティング（2013b）p.27

多くは介護に直面する前と同じように通常勤務をしながら介護に対応している。

では，通常勤務をしている介護者は仕事と介護を両立できているといえるだろうか。この問いも介護と育児の違いを示している。育児においては，仕事と家庭の生活時間配分の問題が大きい。乳幼児は付きっ切りのケアが必要であるため，子育てから離れる時間を確保することが仕事の責任を果たすためには必須である。したがって，休業→短時間勤務→通常勤務というように，仕事に割く時間が長くなるほど，仕事の責任を果たせているといえる。しかし，介護においては必ずしもそのようにいえないことを本章で示す。

最初に**図表4-1**で介護による離職理由を示す。「両立が難しい職場だったため」の割合が男女とも約60%と目立って高い。次に高いのが「自分の心身の健康状態が悪化したため」であり，女性において顕著である。本章では，この2つの要因，つまり職場での働き方と介護者の健康問題を取り上げる。

これまでの両立支援は生活時間配分の観点から休暇・休業や短時間勤務を含

む労働時間管理の問題に焦点を当ててきたが，（要介護者ではなく）介護者の健康問題にも目を向ける必要がある。これは育児との関係では問題にされていなかった介護に固有の問題である。また，労働時間との関係においても育児との違いに留意する必要がある。「時間的予測困難性」（西久保，2015）という介護の特徴を序章で述べたが，介護はいつまで続くかわからない。介護期間が結果として10年を超えるケースも珍しくないが，あらかじめ10年続くことが分かっているわけではない。そうであるなら，いつまでも介護に対応しながら仕事の責任を果たせる働き方を考える必要があるだろう。

そのような問題意識で，介護休業・介護休暇や勤務時間短縮等によって職場を離れることなく，介護を始める前と同じように通常勤務をしながら介護をする従業員の両立問題を取り上げたい。

2　介護の長期化に対応した働き方の柔軟性

(1)　在宅介護の長期化にともなう離職

仕事と介護の両立を困難にする職場マネジメントの問題として，労働時間は介護においても重要な問題である。前田（2000）は介護期間が長い就業者ほど正社員の割合が減少し，パートタイム労働の割合が上昇することを早くから指摘していた。介護休業の取りにくさも労働時間問題の一つに含まれる。

2016年改正の育児・介護休業法は，先の見通しを立てにくい長期介護にも対応できるよう，介護休業の分割取得や勤務時間短縮等の措置の期間拡大，介護終了までの所定外労働の免除の新設といった改正を行った。だが，いつまで続くか分からない介護のために，いつまでも短時間勤務を続けられるわけではない。業務の繁閑にかかわらず一切の残業が免除されることも現実的ではないだろう。その意味で，両立支援制度を利用する特別な働き方は介護負担がとりわけ重いときの避難的な措置と考えた方が良い。両立支援制度の整備だけでなく，通常の働き方を介護と両立しやすいものにすることが重要である。

中には，仕事と介護の両立困難を回避するために働き方を変えるのではなく，特別養護老人ホーム等の施設介護機関に頼るという介護者もいる。しかしながら，今後の少子高齢化の趨勢を踏まえれば，施設介護の大幅な拡大は見込めない。反対に，在宅介護期間は長くなっていく可能性が高い。「介護の再家族化」により在宅介護が長期化しても離職を回避し得る働き方を構築する必要がある。

図表４-２は介護発生から終了までの勤務先における就業継続割合を在宅介護期間別に示している[1]。なお，介護者の中には転職をして介護をしながら働き続ける者もいるが，本書では企業からみた従業員のリテンション（人材の維持・確保）に焦点をあてることから，以下では介護に直面した時（介護発生時）と同じ勤務先で仕事を続ける同一就業継続の割合をみていくことにする。結果をみると，在宅介護期間が「１年以内」から「１年超２年以内」「２年超３年以内」「３年超４年以内」「４年超５年以内」と長くなると同一就業継続割合は低下する傾向がみられる。つまり，在宅介護の期間が長いほど離職する割合は高くなる。

在宅で長期介護に対応するとき，通常の働き方で離職を回避できるとしたら，それはどのような働き方だろうか。介護に直面した時（介護発生時）の労働時間に着目して，以下で検討しよう。

図表４-２　在宅介護期間別　介護発生から終了までの同一就業継続割合（介護発生時正規雇用）

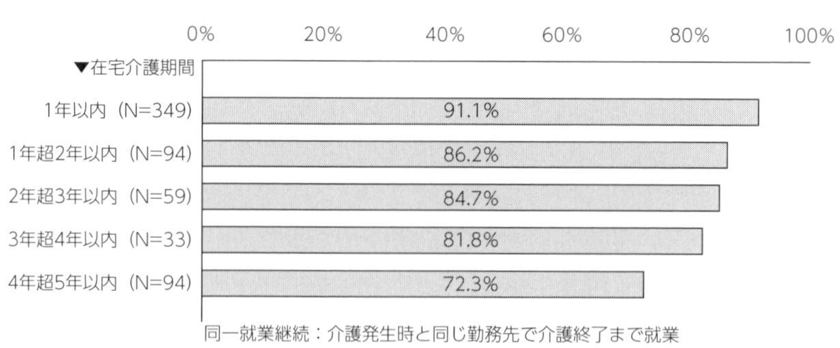

出所：池田（2017）p.289をもとに筆者作成

⑵　離職を抑制する働き方

はじめに，恒常的な残業は離職のリスクを高めることを確認しておこう。

図表４-３は１週間に残業がある日数別に在宅介護期間別の同一就業継続割合を示している。在宅介護期間が「１年以内」の場合は，「週１～２日」の同一就業継続割合が「残業なし」と「週３日以上」よりもやや高いが，はっきりとした差があるとまではいえない。少なくとも残業があることによって就業継続が難しくなっている様子はみられない。在宅介護期間「１年超３年以内」の場合には「週３日以上」の就業継続割合がやや高いという結果にもなっている。しかし，在宅介護期間が３年を超えると残業が「週３日以上」の同一就業継続割合は明らかに低くなっている。したがって，恒常的な残業が離職リスクを高める可能性があるとするなら，それは在宅介護期間が３年を超えて長期化した場合であるといえる。2016年改正法は介護終了まで年数を定めずに所定外労働が免除される権利を労働者に付与したが，そうした施策は３年を超える在宅介護において有効であるといえる。

しかし，もう一つ**図表４-３**において注目したい点がある。それは，３年を超える在宅介護期間では残業が「週１～２日」であっても「残業なし」と同一

図表４-３　在宅介護期間別　介護発生から終了までの同一就業継続割合－介護発生時週の残業日数別－（介護発生時正規雇用）

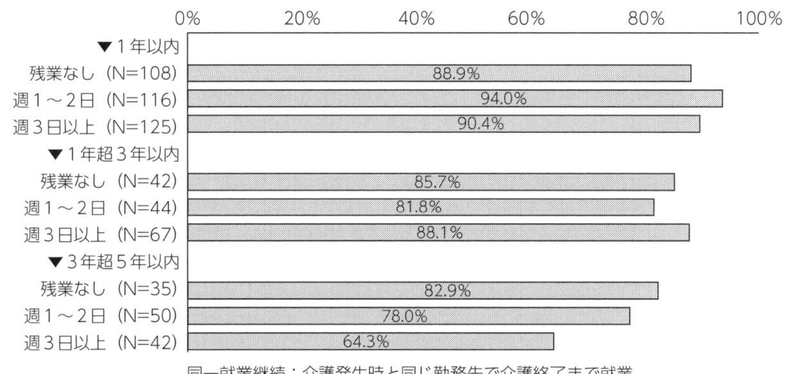

出所：労働政策研究・研修機構（2016）p.45をもとに筆者作成

就業継続割合の差が小さいことである。「週１～２日」を「１年超３年以内」と「３年超５年以内」で比較しても81.8％から78.0％の低下であり，その差は小さい。この結果は，残業に関する両立支援のあり方を考える上で示唆に富む。育児・介護休業法は，介護終了まで一切の残業が免除される権利を労働者に付与している。だが，業務の繁閑を考えれば，繁忙期にも一切の残業をしないという働き方はあまり現実的ではないだろう。多少は残業ができた方が，企業と労働者の双方にとって仕事がしやすいこともあるのではないだろうか。

介護の実態に目を向ければ，毎日定時退勤しないと両立できないというケースはそれほど多くない。あらかじめ残業する日が分かっていれば，夜間の訪問介護サービスやショートステイを利用して介護に対応することができる。近所に住む親族に夕方・夜間の介護を頼めるというケースもある。そのようにして，介護に対応しつつ仕事の責任も果たせるケースが少なくない。

したがって，残業免除について効果的な両立支援制度の運用を考えるのであれば，週のうち残業する１日か２日と残業ゼロで定時退勤する残りの出勤日について従業員本人と直属の上司等が合意しておく仕組みが有効であろう。もちろん１日か２日なら残業できるといっても，いつでも残業できるということではない。突発的な残業はやはり就業継続を難しくする。そうではなく，あらかじめ仕事と介護の都合を調整して１週間のうちで残業できる曜日と定時退勤する曜日を決めておけば，従業員本人は介護に対応しやすく，現場の上司も仕事を管理しやすいだろう。

なお，残業については三六協定との関係で合計時間数が一般的に問題になるが，介護との両立という観点でいえば，週の残業時間が同じであっても毎日１時間残業するよりは１日おきに２時間残業した方が両立はしやすい。定時から１時間でも２時間でも帰宅が遅くなれば，夕食の準備等，家庭生活のリズムが乱れてしまう。その意味で，定時から何時間残業をしたかより，定時退勤できるかどうかが決定的に重要である。定時退勤できない場合は，他の家族やサービスに介護を代替してもらうことになる。そうした代替的な介護者がいるときは，その時間は残業できるのであるから，総残業時間とともに残業する日としない日のメリハリをつけることが重要になるのである。

その意味で，仕事の進め方を自ら調整できる働き方が重要である。

法定の勤務時間短縮等の措置は，フレックスタイムと時差出勤を短時間勤務と並ぶ選択的措置義務としている。特にフレックスタイムは全従業員に適用している企業もある。その意味で，通常の出退勤管理の一形態だといえる。さらに裁量労働制を適用され，より柔軟な出退勤を行っている従業員もいるだろう。このような出退勤時刻の調整が可能であれば，残業日数を自ら調整することもできるに違いない。結果として**図表４-３**のような形で就業継続できる可能性があるといえるだろうか。

図表４-４をみてみよう。この図は始業・終業時刻が変更可能か否かの別に同一就業継続割合を示している。結論として，始業・終業時刻の変更によって離職を回避できるのは在宅介護期間が「１年以内」の場合に限られる。１年を超える在宅介護期間の場合は始業・終業時刻を「変更できる」と「できない」の同一就業継続割合にはほとんど差がなくなる。つまり出退勤時刻の調整だけでは在宅介護の長期化に対応できない。

３年を超える長期の在宅介護において離職を回避するためには，工程管理の

図表４-４　**在宅介護期間別　介護発生から終了までの同一就業継続割合**
－介護発生時始業・終業時刻の変更の可否別－（介護発生時正規雇用）

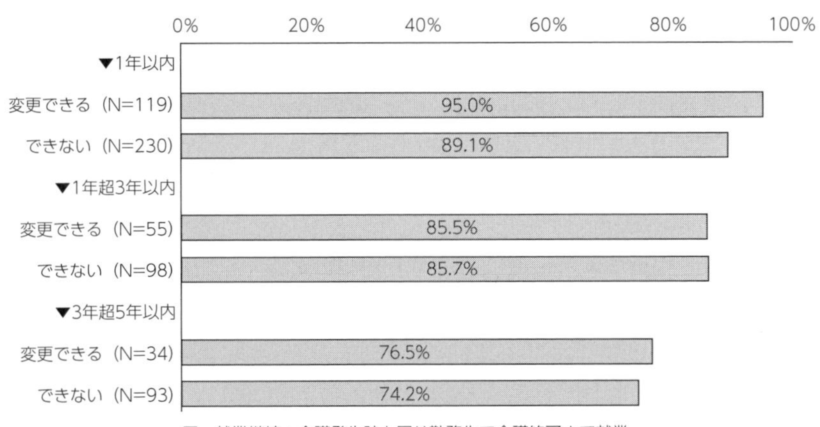

出所：労働政策研究・研修機構（2016）p.48をもとに筆者作成

面で仕事の進め方を調整できることが重要である。**図表4-5**に仕事のスケジュールの余裕の有無別に同一就業継続割合を示すが,「1年以内」「1年超3年以内」「3年超5年以内」のいずれの在宅介護期間においても，スケジュールに余裕がある場合は同一就業継続割合が高い。だが,「1年以内」の場合，その差はわずかであり，在宅介護期間が長くなるほど「余裕あり」と「なし」の差は顕著になる。

なお，在宅介護期間が3年を超えるとスケジュールの「余裕あり」でも同一就業継続割合は大きく低下する。「1年超3年以内」は88.2%であるのに対して「3年超5年以内」は78.9%であるから9.3%ポイントの低下である。それだけ在宅介護期間が3年を超えると就業継続は難しくなるといえる。だが，スケジュールに余裕ない場合は82.4%から69.6%と12.8%ポイントの低下であるから，さらに就業継続が難しいといえる。

仕事のスケジュールに余裕があれば，そもそも残業をしなくて済むだろう。しかし，残業がある場合でも，今日の仕事を明日に延ばすことができれば，介護に対応しやすい。つまり，前出の週の残業日数を「週3日以上」から「週1

図表4-5 在宅介護期間別　介護発生から終了までの同一就業継続割合
ー介護発生時スケジュールの余裕有無別ー（介護発生時正規雇用）

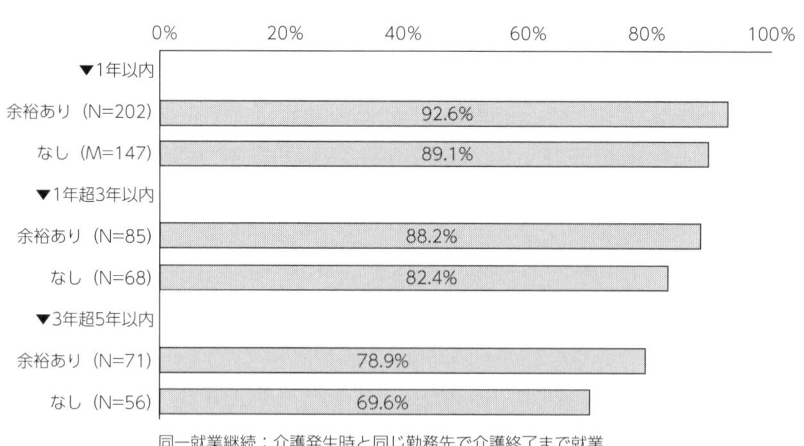

出所：労働政策研究・研修機構（2016）p.47をもとに筆者作成

～２日」に減らしたり，「週１～２日」の残業を「なし」にしたりという調整が可能になるに違いない。Ikeda（2017b）では，仕事のスケジュールを自ら変更できる裁量がある場合に，在宅介護期間が３年を超えた場合の就業継続確率は高まることが明らかになっている。介護を担いながら仕事の責任を果たすためには，自分が今する必要のある仕事を明確にする必要がある。その仕事は介護が理由でも疎かにできない。だが，自分がしなくても良い仕事は同僚に代替してもらう，今しなくても良い仕事は後に回すという柔軟な工程管理が重要になる。この今か後かという時間軸で柔軟性のある働き方を可能にするために，日頃から仕事を詰め込みすぎず，スケジュールにゆとりをもたせておくことが重要である。

柔軟な働き方というと，つい出退勤時刻に目が向きがちであるが，単にフレックスタイム等で勤務時間を柔軟にするだけでは，在宅介護の長期化に対応できない。締切や納期に追われる余裕のないスケジュールで出退勤時刻だけを柔軟にしてもいずれ無理が生じてくるのは当然のことである。介護保険制度では月に１度，居宅サービスのケアプランを見直すモニタリングを行っている。仕事についても１か月ごとに工程を点検し，介護に対応しながら仕事の責任も果たせるスケジュールを組むことが重要である。

⑶　テレワークの活用

介護と両立可能な働き方の柔軟性として，テレワークが有効なこともある。介護は付きっ切りのケアを必ずしも必要としない。そのため，休暇や休業を取って丸々休むのではなく，在宅勤務で介護の合間に仕事をすることで，仕事と介護の責任をともに果たすことができるケースもある。

特に遠距離介護の場合には，職場と要介護者が生活している場所が離れているため，介護にまとまった時間を費やそうと思ったら，それだけ職場から離れる必要がある。そのために介護休業や短時間勤務，介護休暇等を利用する方法もあるが，テレワークにより，地理的移動に費やす時間を節約して就業時間を確保するという方法が有効な場合もある。

図表４-６は椎葉（2017）のＦさん（女性），東京での仕事と静岡に住む父親

図表4-6 遠距離介護によるテレワークの事例

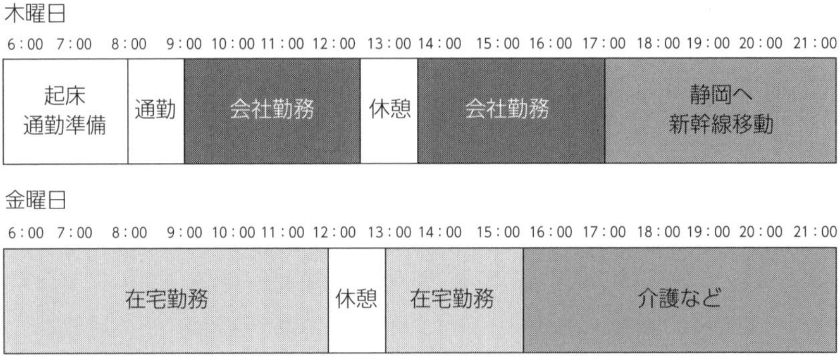
木曜日
6:00 7:00 8:00 9:00 10:00 11:00 12:00 13:00 14:00 15:00 16:00 17:00 18:00 19:00 20:00 21:00
起床
通勤準備
通勤
会社勤務
休憩
会社勤務
静岡へ
新幹線移動
金曜日
6:00 7:00 8:00 9:00 10:00 11:00 12:00 13:00 14:00 15:00 16:00 17:00 18:00 19:00 20:00 21:00
在宅勤務
休憩
在宅勤務
介護など

出所：椎葉（2017）

の介護の両立を図っている50代の介護者の事例である。静岡の実家で，母の死後一人で生活していた85歳の父親が肺炎をこじらせて要介護５の寝たきりになった。父は在宅で連日ホームヘルパーの介護を受けている。その女性は父と過ごす時間を確保したいと考え，上司に相談して実家がある静岡での在宅勤務を認めてもらった。毎週木曜の終業後に東京から静岡まで新幹線で移動して金曜は在宅勤務，週末は静岡で休日を過ごして，月曜の早朝に静岡から東京の職場に出勤するという生活を送った。在宅勤務をする金曜は朝６時から働いて15時半には仕事を終え，医師の往診や歯科衛生士訪問，ケアマネジャーとの面談に対応。これにより，結果的にほとんど仕事を休むことなく在宅介護ができたという。

3 健康問題の仕事への影響

（1）介護者の健康状態悪化による離職

育児・介護休業法が規定する長期休業，短期休暇，勤務時間の柔軟化といった両立支援は，労働時間管理の面で介護に適した働き方・休み方を可能にすることを企業に求めている。介護に限らず，ワーク・ライフ・バランス一般について，その要諦は労働時間の問題に帰着するという認識は広くみられる。恒常的な残業や低い年休取得率という働き方・休み方の日常的な課題に目を向けるなら，労働時間の問題はやはり切実であろう。

だが，すでにみたように，介護においては多くの場合，それほど長期間の休業を必要としていないし，フルタイム勤務の働き方を大幅に変更する必要性も高いとはいえない。両立支援制度を使わず，通常勤務をしながら介護に対応している介護者も少なくない。つまり，労働時間管理という意味では，育児に比べて，大がかりな支援をそれほど必要としないといっても過言ではない。そのような前提のもと，本章の前半では，両立支援制度によらない通常の働き方に焦点を当てて，介護離職の防止に資する労働時間管理のあり方を示した。

しかし，通常勤務で家族的責任を果たせるから介護は仕事と両立しやすい，と考えるのは早計である。仕事を休まず，勤務時間を変更することもしないで通常勤務をしていても，介護のために思うようには働けていない可能性がある。介護による肉体的な疲労や精神的なストレス（以下では，介護による肉体的疲労と精神的ストレスを総称して介護疲労と呼ぶ）が蓄積し，介護者の健康状態悪化をまねくという問題がある。こうした介護疲労の帰結として，要介護者への暴力や虐待，介護者の自殺といった痛ましい事件が社会問題となっている。だが，そこまで追い詰められる介護者が，仕事だけはいつも通りにできていると考えるのは不自然だろう。要介護者ではなく介護者の健康状態悪化により，仕事の責任を果たせないという問題が発生している。つまり，労働時間管理とは別に健康管理の問題にも目を向ける必要がある。

介護による健康状態悪化が離職の要因となり得ることは直井・宮前（1995）の事例調査等，育児・介護休業法が制定される前から指摘されてきた。本章の第１節でもみたように，今日でも健康状態悪化を理由とする離職は男性の約25％，女性の約30％を占める。

健康状態が悪くなると，病休や病欠といった形で介護者が仕事を休みがちになるという報告もある。池田（2014a）は，介護のために年次有給休暇（年休）を取るという行動の背後に介護による健康状態悪化という問題が隠れている可能性をデータ分析の結果から指摘し，介護者の健康問題への注意を促している。

介護者が休暇を取りやすい職場づくりは入退院や通院，介護サービスの利用といった要介護者にかかわる諸対応だけでなく，介護を担う従業員自身の健康状態を整えるという意味でも有益な面がある。

だが，もう少し踏み込んで事態をみてみると，労働時間管理の問題と健康問題には重ならないところもある。

一例として，健康問題が介護を担う従業員の離職にどのように影響するかをみてみよう。要介護状態の経過は事前に予測することは難しく，ときには10年を超えることもあるといわれる。そして，在宅介護期間が長くなるほど仕事を続けることは難しくなる。だが健康状態と離職の関係は在宅介護期間にかかわらずみられる（池田，2016・2017；Ikeda，2017b)。**図表４-７**は，介護が原因のけがや病気の経験の有無別に同一就業継続割合を示している。在宅介護期間の長さにかかわらず，けがや病気の経験がある方が同一就業継続割合は低い。つまり，労働時間管理の問題とは離職傾向が異なる。

前節でみたように，労働時間管理の観点から両立支援を考えると，離職防止に効果的な施策は在宅介護期間の長さによって変わる。１年以内の短い在宅介

図表４-７　在宅介護期間別　介護発生から終了までの同一就業継続割合
－介護によるけがや病気の有無別－（介護発生時正規雇用）

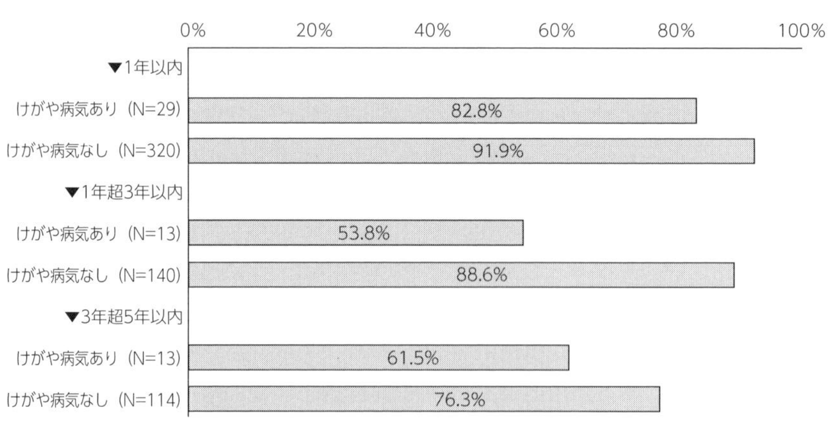

出所：池田（2017）p.295

護であれば1日の出退勤時刻を柔軟に調整できた方が良いといえるが，より長期の在宅介護においては残業のない働き方やスケジュールに余裕のある働き方が重要である。しかし，介護によるけがや病気という健康問題を理由とする従業員の離職は，在宅介護期間が1年以内と短くても生じ得る。

育児・介護休業法が定める両立支援制度は，仕事と介護の両立を生活時間配分の問題とする観点で設計されている。しかし，介護による健康状態悪化は別の次元で生じているため，生活時間配分にばかり注意を向けていると，問題を見逃してしまうおそれがある。その結果として重要な人材の離職を防げないとしたら企業経営にとって大きな痛手だろう。

その背景として，要介護者が認知症になる事例が増えていることを指摘しておきたい。佐伯・大坪（2008）は認知症の症状の重さが介護者の健康状態と相関していることを指摘し，池田（2010）やIkeda（2017a）は重度の認知症がある場合に介護者の離職確率が高くなることをデータから明らかにしている。つまり，重度認知症→健康状態悪化→離職という関連性がある。

すでに述べたように，介護休業制度は，設計当時に高齢者が要介護状態になる原因疾患の典型であった脳血管疾患の症状をモデルにしている。介護保険制度が始まった直後の2001年に行われた厚生労働省「国民生活基礎調査」でも介護が必要となった主な原因の第1位は脳血管疾患（27.7％），高齢による衰弱が2位（16.1％），認知症は第3位（10.7％）であった。しかし，15年後の2016年調査では認知症が第1位（18.0％）になり，脳血管疾患（16.6％）が2位，高齢による衰弱が第3位（13.3％）になっている。

⑵　離職していなければ両立できているか

けがや病気といったはっきりとした就業困難を抱える前に，介護者の多くは，介護疲労を感じていることがある。だが，肉体的な疲労であれ，精神的なストレスであれ，多少の介護疲労を理由に仕事を辞めることは一般的に考えにくい。つまり，健康問題が看過されやすいのは，離職という結果を必ずしももたらさないところにある。疲労を理由に頻繁に休むということも余程のケースに限られるに違いない。疲れた身体や憂うつな気持ちを引きずりながらも仕事の責任を果たそうと出勤する，そのような従業員を「勤勉」だと称賛する雰囲気が日本の職場には今でもあるのではないだろうか。しかし，そのようにして介護疲労を感じながら働いている従業員は，いつものパフォーマンスを維持できているだろうか。答えは否である。

健康問題においては離職していないケースでも，思うようには働けていないという意味で，仕事と介護を両立しているとは言い難い問題がある。前述したけがや病気による離職という，そこまで重篤な状態になる前の段階で，介護疲労を感じながら働いているという介護者は少なくない。その場合，離職してはいないが，仕事の能率は低下している可能性がある。つまり，離職は介護による健康状態悪化がもたらす一つの帰結に過ぎず，離職していないから問題がないとはいえない。事例を３つ紹介しよう。

１人目は労働政策研究・研修機構（2013）のYAさん（男性）。要介護者である母は認知症にともなう生活の昼夜逆転から，夜中の２時や３時まで寝ない状態になり，ベッドに入るようにYAさんがいっても聞かない時期があった。そうした状態で朝は起きて出勤する生活が続いたことから慢性的な睡眠不足になっていた。その結果，仕事中に居眠りをしたりボーッとしたりしてしまうことがあったという。経理の仕事であったため，居眠りが事故につながることはないが，睡眠不足から仕事の能率が落ちている自覚はあったという。

この話を筆者が企業向けのセミナーで紹介したら，実際にフォークリフトの運転手が居眠り運転で事故を起こした例を，ある企業の人事担当者が語ってくださった。その事故が起きたときに初めて深夜介護で睡眠不足になっていた事実を知ったという。介護が原因で労働災害（労災）が起きてしまったのである。

２人目は労働政策研究・研修機構（2013）のYEさん（男性）。別居の母親を介護していたが，ストレスから痛風の発作が出たという事例である。要介護者に認知症の症状はなかったが，YEさんの勤務先の飲食店は終業時刻が遅く，深夜に母の家に行って介護をし，翌朝出勤していた。勤務先では，介護がなくても長時間労働でスタッフが体調を崩すことがあった。その状況下，介護と仕事のストレスで痛風の発作が出たという。右足の甲が痛くなり，店には足を引きずりながら出ていたこともあった。YAさんの事例とは背景が異なるが，やはり睡眠をとるべき深夜の時間帯に介護をし，翌朝出勤するという生活が体力の消耗をともなうことは容易に想像がつく。結果として，息子の仕事の負担を慮る母の勧めが一つの契機となって退職している。

仕事と介護の両立にともなう疲労やストレスと上手く付き合えている人もいる。３人目は，労働政策研究・研修機構（2013）のXAさん（男性）。認知症をもつ父親を母親と２人で介護している。はじめは母が主介護者であったが，体力が低下している母に負担をかけたくないという気持ちから，徐々にXAさんが主介護者になった。具体的には，父の入浴介助と，毎月４か所の通院の付き添い，週２回デイケアに行くときの身支度，日常的な見守りといった介助のほか，家事として朝食と夕食づくり，洗濯もしている。母は，自分の洗濯はしており，XAさんが不在のときは朝夕の食事をつくることもあるが，高齢のため体力が落ち，家事全般が困難になってきているという。そうした状況から，XAさんは，仕事を休めるときはなるべく休むという方針で，介護休業や短時間勤務，介護休暇といった勤務先の両立支援制度をフル活用している。

XAさんの両立支援制度の利用目的は育児・介護休業法の想定とは異なる。勤務時間と介護時間をギリギリのところで調整するのではなく，時間の「ゆとり」をもつことが，継続的に介護を担っていくために重要であると彼は考えている。その「ゆとり」のために，日常的な介護の延長線上で２か月の介護休業を取得している。その間にしていたのは「出勤していたらできなかった部分の介護」であるが，具体的には，通院の付き添いや主治医との相談といったことであり，それまで母が中心的に行ってきたことを代わりに行っていた。

留意したいのは，XAさんは，仕事と介護の二重負担による疲労を自覚していることである。仕事は，鉄道会社で信号機を電子制御する機械の監視と操作をしている。１回の所定勤務時間は朝９時から翌朝９時半までの24時間30分であり，深夜勤務が恒常的にある。勤務明けは非番になるため，平日の昼間に要介護者を病院に連れて行ける利点はあるという。だが，仮眠が４時間あるものの，深夜勤務をして朝帰宅した後は，寝ずに介護している。勤務明けの日はさすがに疲れて，夜７時や８時に「目が回って」眠りにつくこともあるという。加えて，認知症のある父親は夜中に起きて部屋の電気をつけたり消したりトイレに頻繁に行ったりといった徘徊をする，という問題もある。そのためか，仕事中につい居眠りをしてしまうことがあるという。信号機の制御は通常機械が行っているため，居眠りが即座に事故につながることはない。反対に，空調が完備された快適な温度・湿度が保たれている状態で，ずっと信号機を制御する画面をみていることが，眠気を誘う一因だというが，介護の疲れがあることも認めている。

XAさんは，まもなく還暦を迎えるという年齢的な意味でも自分自身の体力の低下を自覚していた。働く介護者に多い中高年は自身の健康不安も抱えがちな年代である。YAさんとYEさんも50代であった。その意味で，健康に気をつけるのは特別なことではないだろう。

このように，ここに挙げた３つの事例はいずれも仕事と介護を両立しようと格闘している。最初の２人の男性介護者は結果的に離職しているが，それはあくまでも結果であり，そこに至る過程で，介護疲労を抱えながら仕事の責任を果たそうとする努力がある。だが，本人の意欲とは別に，思うようには仕事ができていないという厳しい現実がある。離職していないから仕事と介護を両立できているとはいえないのである。

⑶　介護疲労が仕事に及ぼす影響

介護に限らない話であるが，好ましくない健康状態で出勤し仕事に従事したことによって仕事の能率が低下するという問題は，「健康経営」の文脈で「プレゼンティーズム」(presenteeism）と呼ばれている（東京大学政策ビジョン研究センター健康経営研究ユニット，2016)。労働者の健康状態が業務に及ぼす悪影響として，従来は病気休暇による「アブセンティーズム」(absenteeism)が問題にされてきた。介護問題における休暇や休業に対する企業の管理者の当惑は，職場に来てくれないと困るという意味で，企業にとってはアブセンティーズムの問題と似ている。これに対して，介護疲労を感じつつ出勤して仕事に従事することが業務に悪影響を及ぼすというプレゼンティーズムの問題が介護においても小さくないのである。

労働政策研究・研修機構（2015）によれば，主たる介護者の約６割，主介護者でない場合でも約４割が介護による肉体的な疲労を多少なりとも感じている。精神的なストレスの場合には主介護者の約７割，主介護者でない場合でも約６割が多少なりとも感じているという。そして，介護による肉体的な疲労を感じている場合は，仕事中に居眠りをしてしまう割合が高く，精神的なストレスについても，気分が落ち込んで仕事をする意欲が低下するという問題が明らかにされている。前出の事例で紹介した仕事中の居眠りの問題は，統計データでも確認されているのである。

それだけなら単なる勤務態度の問題として大目にみることができるかもしれない。だが，**図表4-8**で示すが，介護による肉体的な疲労は，「仕事中の居眠り」だけでなく，重大な過失や事故を起こしそうになる「ヒヤリ・ハット」の発生割合も高めている。介護疲労により，前述したフォークリフトの事故のような労災のリスクが高まるといえる。これはさすがに看過できないだろう。さらに，同じ**図表4-8**に示しているが，介護による肉体的な疲労を感じている場合は，ノルマ等，仕事上の目標を達成できない割合も高くなる。ここまで来ると企業経営に及ぼす影響が懸念されるに違いない。

図表4-8　仕事の能率低下に係る諸経験割合
－介護による肉体的な疲労の有無別－（現職正規雇用）

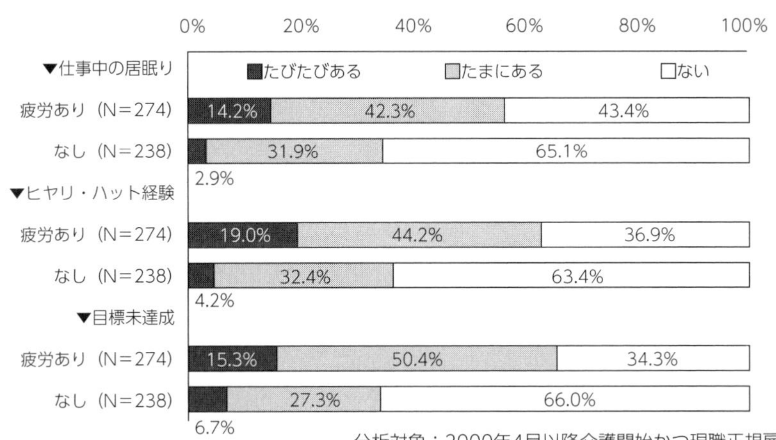

出所：労働政策研究・研修機構（2015）p.84をもとに筆者作成

こうした問題は離職どころか仕事を休んでもいない，出勤している状態で発生しているため，育児・介護休業法が定める両立支援の枠組みにとらわれていたらみえてこない可能性が高い。介護のために仕事を休まれたら困る，介護を担いながらもいつも通りに出勤して欲しいと考える管理者は少なくないだろう。生活時間配分の問題として仕事と介護の両立をとらえている限りにおいては，出勤できていれば問題ない。だが，健康問題に注意を向けると，出勤して仕事をしていれば問題ないとは決していえないことがわかってくる。

さらに留意すべきは，先の事例にも表われていたように，この健康問題が勤務時間外の介護負担によって引き起こされている可能性があることだ。その意味でも企業の人事担当者や管理職からみえにくい。特に深夜の介護は睡眠不足という形で深刻な介護疲労につながりやすい。典型例として，認知症介護については心身の疲弊につながるケースが多々報告されている。また，これも先の事例にあったように，業務上の理由で終業時刻が夜遅くなり，その後に介護をしているために睡眠不足になってしまうということもある。しかしながら，介護疲労を感じている場合でも，仕事と介護の両立に関する相談を職場の上司や同僚，人事担当者等にしている介護者は少数であるため（Ikeda，2016），労災による事故が起きたときにはじめて介護疲労を蓄積していた事実を上司や人事担当者が知るということもある。

このように介護問題をみえにくくしている背景に，多少の体調不良でも仕事を休まない，家庭の事情は仕事に持ち込まないという，いまだに男性中高年層の従業員に多い仕事中心的な価値観や日本人の勤勉性があるという見方をする読者もいるに違いない。そうでなくても，人手不足の折，介護のために仕事を休まれたら困るという気持ちをもつのは，職場を管理する立場で考えれば自然なことである。だが，繰り返しになるが，仕事を休んでいないから問題がないとはいえない。仕事と家庭の生活時間配分の問題には還元できない両立困難が介護にはあるのである。

⑷　男性に顕著なプレゼンティーズム

仕事と介護の両立は，従来は女性の問題とされてきたが，近年は父母を介護する息子や妻を介護する夫が増加しており，男性においても重要な課題となりつつある。

厚生労働省「平成27年度雇用均等基本調査」(2015）における介護休業取得者の男女比は女性74.0％，男性26.0％であり，介護休業取得者の４人に１人は男性である。また，総務省「平成29年就業構造基本調査」(2019）によれば年間に10万人いるとされる介護離職者のうち１割から２割は男性である。育児においては育休取得者の90％以上が女性であり，妻の出産・育児を機に男性が離職したということは問題にされていない。介護においては働きながら主たるケアの担い手となっている男性がそれだけ多くいるということである。

確かに，男女どちらが仕事を辞めているかといえば，やはり女性である。介護離職者の人数だけでなく，正規雇用で働く介護者に占める離職者の割合も女性の方が高い（労働政策研究・研修機構，2017a p.203)。介護休業取得者も女性が多数であることには変わりない。男性も主たる介護役割を担っているといっても，その内実は女性がしている介護とは異なるという指摘もある（平山，2017)。介護は男女共通の課題になりつつあるが，介護へのかかわり方や介護が仕事に及ぼす影響には男女差があるといえる。

だが，このことは，女性に比べて男性の方が仕事と介護を両立しているということを必ずしも意味しない。プレゼンティーズムは男性の方が顕著であるからだ。実は，介護によるプレゼンティーズムという問題は男性介護者を対象にした事例調査を通じて提起されたものである（労働政策研究・研修機構，2013；池田，2013)。男性も介護を担うようになったとはいえ，「男性は仕事，女性は家庭」という性別役割から男性が自由になっているわけではない（斎藤，2015)。性別役割によって強く仕事に拘束されているがゆえに仕事を辞めることも休むこともしていない，そのような男性介護者にも，実は「介護のために思うように働けない」という問題が生じている。その問題の一例がプレゼンティーズムである。反対に，女性は，性別役割により家庭に強く拘束されているから，男性よりも離職しやすいという見方もできるだろう。つまり，同じ介護負担を負っていても，仕事と家庭をめぐる男女の役割の違いによって，両立困難の表れ方が異なっている可能性がある。

すでに示したように，介護者自身の健康状態悪化は離職要因となり得る。しかし，比率としてみれば，介護が原因のけがや病気を抱えていながらも仕事を続けている割合の方が離職のそれよりも高い（**図表4-7**）。また，疲労やストレスは結果的に病気の原因となり得るが，心身の疲労を抱えて仕事を続けることによって，離職より前に仕事の能率低下というマイナスの影響が仕事に及ぶ可能性がある（労働政策研究・研修機構，2013・2015）。こうした離職の前段階で起こる問題は女性より男性の方が目立つ。

労務管理において最も懸念される業務遂行上の問題は，労災のような事故や重大な過失を招いてしまうリスクである。**図表4-9**に前出のヒヤリ・ハット経験の有無割合を男女別に示している。男女とも介護によるけがや病気がある場合に，ヒヤリ・ハット経験がある割合は高くなるが，特に男性の方が高い。「介護疲労」（肉体的疲労）や「介護ストレス」（精神的ストレス）がある場合も女性より男性の方がヒヤリ・ハット経験がある割合は高い。

なぜ男性の方が介護による健康状態悪化が仕事に影響するのだろうか。一つの仮説として，男性の方が仕事の面でも心身の負担が重く，これに介護負担が重なる二重負担が重くなっている可能性が考えられる。よく知られているように，同じ正社員でも男性の方が労働時間は長い。また管理職等，責任の重い職務を担っている割合も男性の方が高い。そうした仕事の疲労やストレスが介護の疲労やストレスと重なって事故や過失のリスクを高めているのではないだろうか。さらにいえば，もともと事故のリスクがある危険業務についている割合も男性の方が高い，そのような背景を考えることができる。

だが，もう一つとして男性の方が仕事を辞めないことの影響も考えられる。介護によるけがや病気をした場合，男女ともに離職率は高くなるが，相対的に女性の方がその傾向は顕著である（労働政策研究・研修機構，2017a p204）。男性の方が正常に業務を遂行できるような健康状態でなくても頑張って仕事を続けている可能性が高く，結果として，事故や過失のリスクが高くなるのではないだろうか。

図表4-9　男女別　ヒヤリ・ハット経験の有無割合
－介護によるけが・病気，疲労，ストレスの有無別－（現職正規雇用）

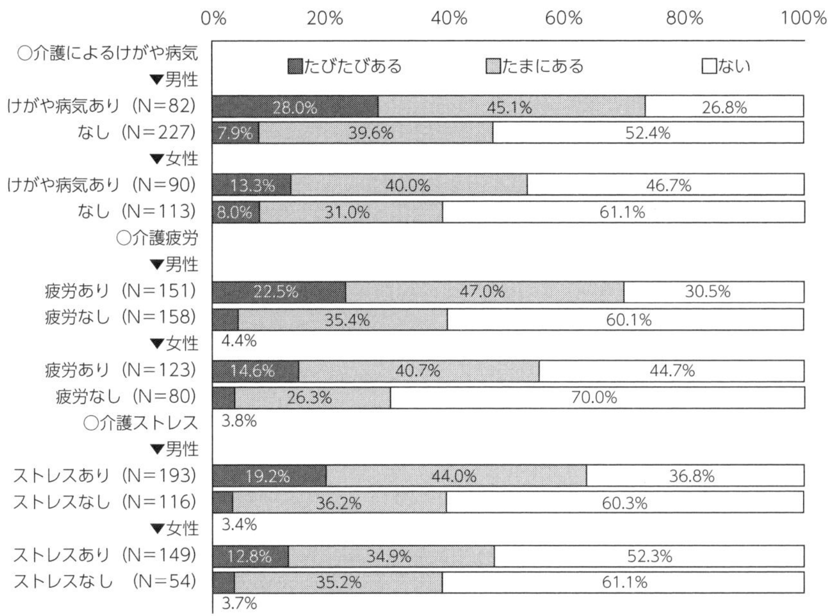

出所：労働政策研究・研修機構（2017a）p.213

⑸　勤務時間外の介護負担に注意を

これまで指摘してきた介護疲労による仕事の能率低下は，勤務時間外の介護負担が原因になっている可能性がある。育児・介護休業法は，勤務時間中に介護への対応が発生して休暇や休業，勤務時間短縮，所定外労働の免除といった形で労働時間を調整する必要があるという想定で設計されている。

しかし，このような形で労働時間の調整を行う必要がない場合でも介護疲労は蓄積し得る。たとえば，遠距離介護で仕事のない休日に要介護者を訪ねて介護を行う場合，出勤日に残業免除や短時間勤務の必要は生じない。だが，仕事で蓄積した疲労やストレスを癒やすべき休日に介護の疲労やストレスを蓄積して，休み明けに再び出勤するという生活が長く続けば，いずれ健康に好ましくない影響が出ることは容易に想像がつく。

平日の介護においては前述した深夜介護が典型的な例である。育児・介護休業法が想定する緊急対応時の入退院等の手続きや介護サービスの利用手続き，通院の付き添い，ケアマネジャーとの面談という用件が発生するのは主に平日の日中である。この時間に就業している労働者が多いため，勤務日・勤務時間を変更して介護に対応する必要が生じる。だが，認知症で昼夜逆転している場合の介護のように，日中の勤務には影響がなくても，帰宅後の夜間・深夜の介護負担が重なって介護者に疲労が蓄積していくということがよくある。

図表4-10は，正社員として働く介護者が介護をしている時間帯別に介護疲労の有無割合を示している。上段の「肉体的な疲労」も下段の「精神的なストレス」も，「午後」（12～17時）に介護している場合には「ある」「少しある」という割合が低い。この時間帯は医療・介護関連の手続きをするために地域包括支援センターや病院に行ったり，かかりつけ医やケアマネジャーと面談をしたりという用事が入りやすい。つまり，生活時間配分において仕事と介護の調整が必要になることの多い時間帯である。しかし，そのような日中の介護負担は，疲労やストレスにあまりつながっていないようである。それよりも，「深夜」（22～翌日５時）に介護をしている場合に「肉体的な疲労」「精神的なストレス」がともに高くなっている。介護のために夜中に眠らせてもらえない，その疲労やストレスが大きいといえる。

これらの問題を図にしたのが**図表4-11**である。育児・介護休業法に表われているような従来の仕事と介護の両立支援は，この図の白いボックスが示す相関関係のもとで整備されてきた。端的にいえば，勤務時間に介護サービスの利用手続きや通院の付き添い，デイサービスの送迎対応等，介護の用件が入ることから出勤が難しくなり，離職の危機に直面するため，労働時間管理の面から両立支援制度を整備するという発想である。しかし，介護に起因する健康問題は勤務時間外の介護負担の蓄積が大いに関係している。そして，その影響は即座に離職という形で表われるとは限らない。離職に至る前に起きる問題として，仕事の能率が低下する可能性がある。つまり，離職はあくまでも結果であって，離職していないから問題がないとはいえないのである。

図表4-10　介護による肉体的疲労・精神的ストレスの有無割合
―介護をしている時間帯別―（現職正規雇用）

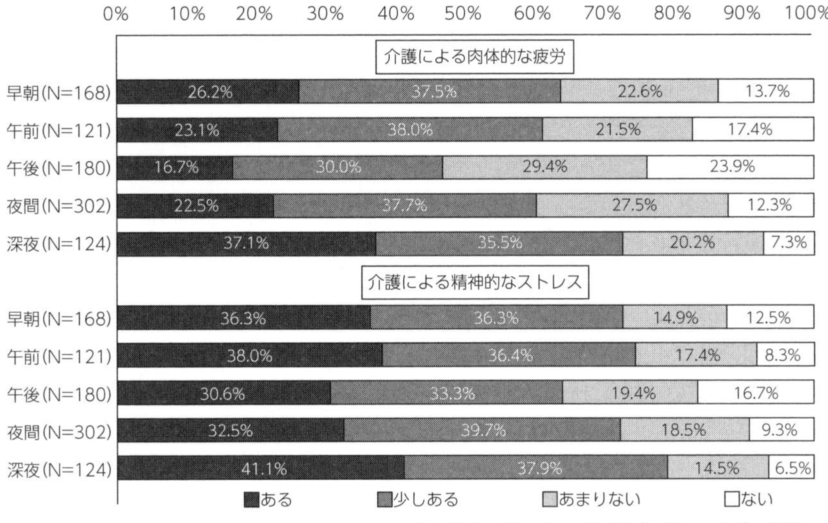

早朝：5～9時　夜間：17～22時
午前：9～12時　深夜：22～翌日5時
午後：12～17時

分析対象：2000年4月以降介護開始かつ現職正規雇用

出所：労働政策研究・研修機構（2015）p.81

このように，仕事を辞めていないし，休んでもいないし，いつも通りに出勤しているから仕事の責任を果たせているとはいえない問題が，仕事と介護の両立にはある。この問題は育児の発想で介護をとらえていたら見過ごしてしまう可能性がある。育児においても疲労やストレスは問題になるが，プレゼンティーズムという形で仕事に及ぼす影響が問題になることはなかった。介護は育児と違うという観点に立つことで初めてみえてくる問題である。また，仕事を休んだり辞めたりという問題は，物理的に職場からいなくなるため企業からみえやすい。一方，出勤はしているが仕事の能率は落ちているという問題は企業からはみえにくい。その意味でも，介護者の健康問題は，企業からみえにくいという介護問題の特徴を象徴に表しているということができるだろう。

図表4-11　仕事と介護の両立相関図

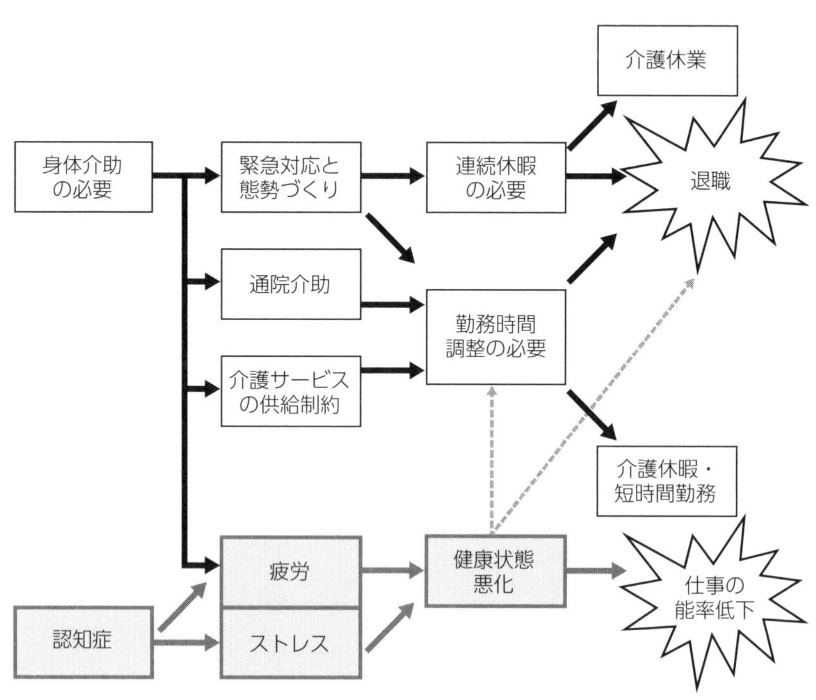

出所：労働政策研究・研修機構（2015）p. 70

4　持続可能な介護と働き方

(1)　通常の働き方を見直す

仕事と介護の両立支援というと，すぐに介護休業制度や短時間勤務制度等の両立支援制度が思い浮かぶ。そして，その制度を利用しやすくすることが両立支援だと思ってしまう。しかし，この発想も育児にひきずられている。

育児は時間拘束の強いケアを期間限定で行う。負担は重いが終わりのみえる一時的なケアについて，育児休業や短時間勤務といった特別な制度を利用して対応する。特別な制度が必要なのは，通常の休暇や勤務時間では対応できないほど時間拘束が強いからであるが，それはあくまでも期間限定である。子どもが１歳，２歳，３歳・・・と成長していけば，特別な制度は必要なくなり，いずれ子育てをしていない同僚と同じ通常の働き方ができるようになる。それでも特別な制度を利用した特別な働き方が長引けばキャリア形成にマイナスの影響を及ぼしかねないが，終わりが来るのだから予定は立つ。

一方，介護は多くのケースにおいて育児ほど時間拘束が強くない。しかし，その負担がいつまで続き，いつ終わるのか先行きの見通しを立てにくい。「時間的予測困難性」（西久保，2015）がある。育児・介護休業法が定める勤務時間短縮等の措置は，所定の勤務時間や出退勤時刻を期間限定で変更する特別な制度である。しかし，その期限が来たら通常の働き方に戻って仕事ができるという保障は何もない。要介護状態がさらに重くなった状態で在宅介護が続いていれば，特別な制度がさらに必要になる可能性がある。

そのようにして，介護が続く限り特別な制度を利用することを想定すると，企業としては，いつまで待てば通常の働き方に戻れるのだろうと不安になって当然である。従業員にも職場に貢献できていないという負い目が生まれるかもしれない。2016年改正法から新設された所定外労働の免除は，介護の終了まで一切の残業が免除される権利を労働者に付与しているが，繁忙期も含めて一切の残業をしないという働き方も介護が長期化すれば現実的とはいえないだろう。

介護がいつ終わるか分からないのであれば，いつまででも続けられる働き方で仕事と介護の両立を図ることが重要である。その意味では，介護に直面しても可能な限り，介護が始まる前と同じように働けた方が良い。介護をしていない同僚と同じように働きながら介護にも対応できれば，いつまで介護が続いても仕事の責任については心配することなく仕事と介護の両立を図ることできる。そのために通常の働き方を見直すことが，仕事と介護の両立支援の重要な取組みとなる。

たとえば，日頃から残業を減らし定時退勤できる日を増やしておけば，あえて残業免除といわなくても良いだろう。残業をしないことが特別な働き方ではなくなる。残業を一切なくすということは難しいかもしれないが，週に１～２日に抑えることができれば，介護と調整できる可能性がある。

また，育児・介護休業法が定めるフレックスタイム制度を介護の有無にかかわらず導入している企業もある。すべての従業員が日頃からフレックスタイムで働いていれば，介護をしている従業員だけが特別ではなくなる。

ここで，重要なのは外形的な出退勤時刻を柔軟に変更できるということでなく，仕事の進め方を労働者自身が実質的に決められることである。そのためには，仕事のスケジュールに余裕を持たせて工程管理を行うことが重要である。仕事の進め方に余裕があれば，介護に直面したときに，今日の仕事を明日に回して定時退勤する，今週の仕事を来週に回して介護に対応するという仕事と介護の調整をしやすくなる。

介護は今や中高年女性に特有のライフイベントではなく，性別や年齢を問わない課題になりつつある。そのような前提で，従業員の誰が介護に直面しても慌てずに済む働き方改革を全社的に行っていくことが重要である。今後，労働供給制約のある従業員が増えるという見通しが働き方改革への関心を高めているが，育児を念頭に置いた場合，その範囲は限定的である。就業継続する女性や育児にかかわる男性が増える一方で，子どもがいない従業員も増えている。一方，家族の介護は誰にでも起き得る労働供給制約と位置づけることができる。介護を意識することで，働き方改革に取り組む問題意識が明確になるに違いない。

⑵ 仕事と介護を健康的に両立する

介護に直面したときに慌てずに済む働き方・休み方改革は，生活時間配分だけでなく健康管理の面からも重要である。

生活時間配分の問題として仕事と介護の両立を考えていると，介護をしていない時間は仕事をしなければならず，仕事を離れた時間は介護をしないといけないという二重負担に苦しむことになる。仕事の疲れを癒やすことなく，介護の疲れを追加して溜め込む生活が続けば，仕事にも介護にも支障がでる。

介護疲労の帰結というと，要介護者への暴力や介護者の自殺，心中といった痛ましい事件として耳にすることがたびたびある。筆者も，要介護者をつい殴ってしまったという後悔の念を当事者から聞いたことがある。だが，そのように追い詰められた状態で出勤して，仕事はきちんとできていると考えるのは不自然だろう。介護疲労の問題は，企業にとって対岸の火事ではない。仕事が忙しいわけでもないのに，最近元気がない部下に上司が声をかけて事情を聞いてみたら，介護うつになりかけていたという話もある。

反対に，仕事と介護を上手く両立できている人は，友人とお酒を飲みに行ったり，一人で旅行をしたり，趣味の活動をしたり，週末に昼寝をして過ごしたりと，仕事からも介護からも離れる時間をつくっている。そうして，心身の疲れを癒やすことで，介護が長期化しても仕事も介護も続けていけるのである。

したがって，介護をしながら働く従業員に「遊びに行く暇があったら，たまっている仕事を片づけて欲しい」という野暮なことはいわない方が良い。そのような時間を認めることも，重要な両立支援なのである。

こうした仕事と家庭の二重負担の問題は，介護に限らず，家事や育児でも起こることであるが，育児との関係では，その疲労やストレスが仕事に及ぼす影響はあまり問題にされてこなかった。また，家庭生活の疲労という問題は勤務時間外に起こることであるため，企業としてはその実態を把握しにくい。プライバシーに立ち入らないのがマナーということで見逃してしまうこともあるだろう。

介護に関していえば，介護休業や介護休暇の代わりに年次有給休暇（年休）を取って介護に対応するケースが多いため，年休取得日数だけをみていても，それが介護のために利用されたものなのか，介護以外の自由時間のために利用されたものなのか判別がつかない。ここは専門家でも見解が分かれるところだが，年休は取得事由を問わない休暇であるため，介護のために年休を取っても咎められることはない。しかし，年休の本来の目的は労働者の休息という考え方に照らせば，これを介護に使うのではなく，年休は介護者自身の心身のリフレッシュに使うという考え方の方が良い。介護については年休ではなく介護休業や介護休暇を取るのが本来の趣旨に沿っている。

そのために，法定では無給の介護休暇を個別企業において有給にするということを検討して良いだろう。年休を介護休暇の代わりに使うのは，年休の方が使いやすいからであり，取得単位については2021年から介護休暇も時間単位での取得が可能になる。しかし，それでも介護休暇が無給では，やはり有給の年休から消化しようと思うのは自然なことである。

介護はいつまで続くか分からない。それがいつ終わるのかという気持ちは，大切な家族の死を待つことになりかねない。そうではなく，いつまででも続けられるという気持ちで仕事と介護の責任をともに果たせる働き方・休み方を構築することが重要である。

POINTS

◆ 在宅介護の期間が長くなる場合では，仕事のスケジュールに余裕をもたせ，仕事上の責任を果たせる方が介護離職を回避できる。

◆ 仕事を休まず勤務時間の短縮等もせず，介護をしていない従業員と同じように出勤していても，介護疲労から仕事の能率が低下するプレゼンティーズムの問題が生じている可能性がある。

◆ 介護によるプレゼンティーズムは，深夜介護等，勤務時間外の介護負担が原因となっていることが多いため，生活時間配分の観点から労働時間管理ばかりに気を取られていると見過ごしてしまう可能性がある。

注

1　育児・介護休業法は両立支援の対象を正規雇用者に限定していないが，正規雇用と非正規雇用では前提となる働き方が大きく異なるため，以下では介護発生当時に正規雇用であった者を対象とする。

第 5 章

コミュニケーションを起点にした両立支援

従業員が抱える介護の課題は育児と異なり，企業からみえにくい。育児・介護休業法が定める制度を企業が用意していても，従業員はそのことを知らず，制度を利用しないまま仕事と介護の両立が困難となる事態に直面するということが起こり得る。老親等の高齢者介護というライフイベントに備える予備知識や心構えをもつ準備期間がほとんどない状態で，脳血管疾患の発症による緊急入院等により突然，介護に直面する可能性が高いことも，妊娠・出産という前段階のある育児と異なるところである。そうした介護の特徴を踏まえて，事前にセミナーの開講やリーフレットの配付を通じて介護に関する情報提供を企業から従業員に行うことが離職防止になり得る。また，介護をしていることを勤務先で話せる雰囲気をつくるために，働き方に関して日頃から残業削減や休暇取得促進に取り組み，業務等に関する情報共有を行っておくことが重要である。勤務先以外の家族やケアマネジャーが仕事と介護の両立を支えている面もある。特にケアマネジャーとの面談にあたっては自身の仕事について伝えるべき内容等を整理しておくよう企業から従業員に働きかけることも重要である。

1　企業からみえにくい介護

介護は育児と異なり，会社から問題がみえにくい。なるべく出勤しながら介護に対応できるようにすることが，仕事と介護の両立では重要であると述べたが，通常勤務で両立を図る介護者は介護という問題がない一般の従業員に溶け込んでしまう。結果として，誰が介護に直面しているのか特定することすら企業には困難になってしまう。

女性の妊娠・出産・育児では，そのようなことはない。産前産後休業（産休）のうち産後６週間は強制休業である。育児休業（育休）も取得期間が数か月や年単位に及ぶことが少なくない。男女雇用機会均等法は企業に対して，妊娠・出産を理由とする解雇や不利益取扱いを禁止し，マタニティ・ハラスメントの防止措置を求めている。育児・介護休業法は労働者から育休の申し出があった場合に企業は原則として拒否できないとしている。従業員が産休や育休を申請することで両立問題は顕在化し，企業が従業員の課題を認識することができる。従業員の課題を直視せず，対応を避けようとする企業や職場では，マタニティ・ハラスメント等が起きることにもなる。

一方，介護に直面した従業員には，いきなりは介護休業を取らずにまずは年次有給休暇（年休）を取って介護に対応する者が多い。しかも，年休を取る時期や期間は断続的である。企業の認識では「わが社で介護休業を申請してくる従業員はまだいないから，従業員の介護問題は先のことだ」と思っていたら，実はもうすでに数名の介護者がいたことにあるとき気づいて驚いたということがよくある。

育児・介護休業法は介護休業についても労働者からの申請があった場合に企業はこれを拒否できないと定めているが，そもそも申請して来なければ，介護休業を取りたいという要望が企業に伝わらないのだから，拒否するもしないもない。それ以前の問題である。介護休業だけでなく，介護休暇も取得せず年休で代替し，短時間勤務や所定外労働の免除も利用せずに，従業員自身がコントロールできる範囲で残業等を調整して，仕事と介護の両立を図っていれば，従業員に介護の課題があることを人事担当者や上司・同僚が気づかなくても不思議ではない。

このように企業が把握できていない「隠れ介護」に関して，鋭く察知して対応している企業の人事担当者や管理職もいる。ある中小企業の人事担当者は，年休取得日数が前年に比べて急増していることを不自然に思い，本人に理由を尋ねてみたら介護をしていることが分かったという。別の企業の管理職は，労働時間がそれほど長くないのに元気がない部下に事情を尋ねてみたら介護うつになりかけていたことが判明したという。

しかし，こうした対応ができている企業のケースは少ない。ある日突然に従業員から介護離職の申し出があり，そのときに初めて何年も介護をしていたことを知ったり，仕事中の居眠りで事故が起きたりしたときに初めて重い介護疲労を抱えて出勤していた事実を知ったという「隠れ介護」の怖さを語る管理職や人事担当者の方が圧倒的に多い。

こうした「隠れ介護」の問題は，企業が両立支援制度を整備しても，その制度が従業員に届いていない可能性があることを示唆している。介護に直面した従業員は勤務先の両立支援制度を知らないがために，自己流で仕事と介護の両立を図ろうとし，その結果，両立できずに離職するという事態を招いている可能性がある。このような企業と従業員の行き違いによる仕事と介護の両立困難を回避するためには，介護について企業と従業員が情報共有できるコミュニケーションが鍵になる。つまり，仕事と介護を両立するために従業員が直面している介護の実態が企業に伝わり，企業が整備している両立支援制度が従業員に伝わる仕組みをつくることが重要である。そのようなコミュニケーションの留意点を以下で示そう。

2　事前の心構えが大事

(1)　いきなり始まる介護に備える

ここでもまずは育児と介護の共通点と相違点から話を始めたい。前述のように育児においては妊娠が判明してから産休に入るまでに数か月ある。この間に従業員向けに出産・育児期の働き方や両立支援制度について情報提供を行う企業が大企業を中心に増えている。具体的には該当者を集めてのセミナーやパンフレットの配付といったことがよく行われている。地域でも「両親学級」のような講習会を開いて出産・育児の基礎知識を学ぶ機会としている。そのような事前の情報提供を通じて，親になり，仕事と育児を両立するための心構えを身につける。そうでないと各種の子育て支援制度は「仏作って魂入れず」の状態になってしまい適切に機能しなくなる。

介護についても同じであるが，介護の場合は，妊娠期にあたる準備期間がなく，突然始まることが多い。そこが育児と異なるところである。寝たきりの要介護状態になる原因疾患の典型である脳血管疾患においては急に発症して入院・手術という形で始まることが多い。介護休業制度はそうした緊急事態に対応し，その後に仕事と介護を両立するための準備期間として設計されている。だが，そのような趣旨を学ぶ間もなく介護が始まると，十分な知識をもたずに自己流で介護にあたり，仕事との両立を図ることになりがちである。

たとえば，介護休業制度の存在を知らずに介護の課題に直面した従業員が，未消化の年休や特別休暇をやり繰りして介護に対応するということがよくある。この場合，企業はその従業員が介護に直面していることに気づかず，自己流の両立で手詰まりになって離職を申し出たときに初めて従業員が介護していた事実を知るということにもなりかねない。あるいは介護休業制度の存在を知っていた従業員が，その本来の趣旨を理解しないまま取得して介護に専念し，復職できずに離職するというケースもある。こうした事態を回避し，適切な方法で仕事と介護の両立を従業員が図れるようにするため，介護に直面する前の従業員に将来の備えとして仕事と介護を両立するために必要な知識を与えておく情報提供が重要である。以下では，この企業による事前の情報提供の重要性と期待される効果を示す。

⑵　企業による事前の情報提供の位置づけ

本題に入る前に，本章で扱う事前の情報提供の位置づけを明確にしておこう。**図表5-1**は厚生労働省が2013～15（平成25～27）年度に作成した『仕事と介護の両立支援実践マニュアル』（厚生労働省，2014・2016a）に示している企業における仕事と介護の両立支援の取組み方法である。１）従業員の仕事と介護の両立に関する実態把握，２）制度設計・見直し，３）介護に直面する前の従業員への支援，４）介護に直面した従業員への支援，５）働き方改革といった５つの課題からなるシステム（体系）になっている。

第２章で取り上げた育児・介護休業法が定める両立支援制度の整備は２の

図表５-１　仕事と介護の両立支援の取組み方法

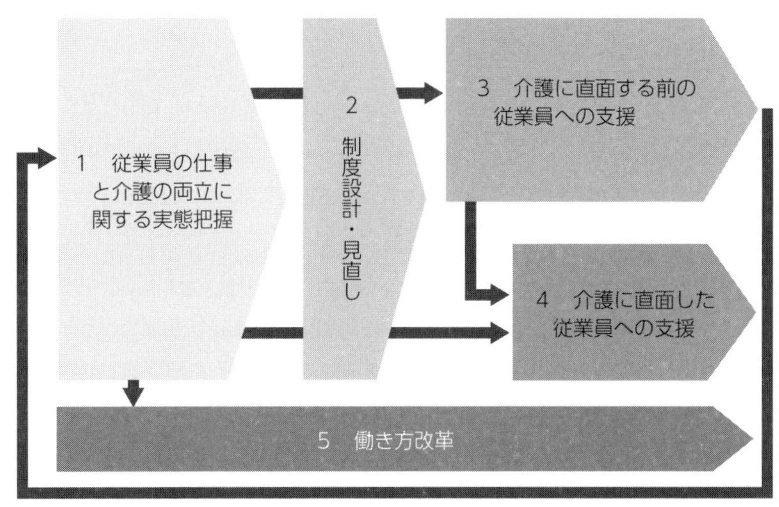

出所：厚生労働省（2016a）p.9を一部修正

「制度設計・見直し」であり，第３章で取り上げた制度の利用は４の「介護に直面した従業員への支援」にあたる。だが，仕事と介護の両立課題は多様であり，育児・介護休業法の規定に沿って制度を整備すれば十分とはいえない。たとえば，介護休業の取得中に合間をみつけて仕事をしているような場合にはテレワークの導入を検討しても良いだろう。第４章で取り上げた従業員の健康問題のように隠れた課題を掘り起こす作業も必要である。そのために１の「実態把握」が不可欠となる。また，介護においては必ずしも休業や勤務時間短縮のための制度を利用する必要がなく，普段通り働きながら介護に対応できるケースが少なくない。第４章でみた通常の働き方を介護と両立可能にすることも重要な両立支援であり，その意味で５の「働き方改革」（働き方・休み方改革）が重要である。

そうした様々な課題に対応するための起点になっているのが，コミュニケーションである。その観点から，本章でははじめに３の「介護に直面する前の従業員への支援」の問題を取り上げる。これにより，１から５のすべての課題を網羅する体系的な両立支援の知識が得られることになる。

ではなぜ，介護に直面する前に企業から情報提供をすることが重要なのか，その考え方は同マニュアル作成事業の座長である佐藤による佐藤・矢島（2014・2018）で解説されている。その要点は以下のとおりである。

第１に将来の介護について不安をもちながら働いている従業員は意外と多い。ワーク・ライフ・バランス推進・研究プロジェクト（2013）によれば，将来介護に直面する可能性があるという40代以上の従業員は72.6％にのぼり，そのうちの30.0％が介護について「非常に不安」，38.4％が「不安」，27.5％が「少し不安」と回答しており，「不安を感じない」は1.4％に過ぎないという。

第２に，将来の介護と仕事の両立可能性，具体的には介護をしながら仕事を続けることができるかという点についても不安をもっている従業員は少なくない。同じくワーク・ライフ・バランス推進・研究プロジェクト（2013）によれば，将来介護に直面した際に現在の勤務先で仕事を「続けられる」と回答したのは28.0％に過ぎず，「続けられない」が28.6％いる。また「わからない」が43.4％いるが，この人々は「続けられる」という自信をもてないという意味で，「続けられない」に近い心情といえる。

しかし，介護に直面した際の望ましい働き方としては「短時間勤務などの支援制度を利用しつつ，できるだけ普通に働きながら，仕事と介護を両立」という割合が65.7％で多数を占める。「介護のための支援制度を利用せずに，年次有給休暇等で対処」（9.4％）や「仕事の仕方を特に変えない」（5.2％）を合わせると働きながら介護をすることを望む割合は８割にのぼる。「今の仕事を辞めて介護に専念」は4.1％に過ぎない。つまり，大多数は仕事を続けたいと思っているが，その自信がないという心境にある。

こうした就業継続見込みは残業の程度や年次有給休暇（年休）の取りやすさと関係していることを確認しておきたい。現在「恒常的に残業がある」という者は介護に直面した場合に仕事を「続けられない」という割合が高い。反対に，有休を「希望通りに取得できる」という者は仕事を「続けられる」という割合が高い。働き方，休み方改革の重要性を示唆する結果である。

職場の雰囲気も就業継続見込みに関係しており，勤務先に介護のことを相談できる雰囲気があると仕事を「続けられる」という割合が高くなる。また，勤務先の両立支援制度についても「制度をあることを知っており，内容もわかる」という従業員は仕事を「続けられる」という割合が高い。

最後に指摘した「相談できる雰囲気」や「両立支援制度の認知」は企業と従業員のコミュニケーションを活性化することによって介護離職を防ぐことができる可能性を示唆している。つまり，介護に直面したときに一人で抱え込まず上司や人事担当者等に相談することや，勤務先の両立支援制度について正しい知識をもつ，といったことを事前の心構えとして従業員が知っておくよう，企業から従業員にあらかじめ情報提供することで防げる介護離職があるといえる。

⑶　情報提供の離職抑制効果

ここまでみてきた相談しやすい雰囲気や両立支援制度の認知は，企業から従業員に情報提供したものとは限らない。上司や同僚と良好な関係をたまたま築いてたり，何かのきっかけで両立支援制度について知っていたりしただけという可能性がある。また，そもそも介護にあらかじめ関心があり，その心構えができている従業員が事前準備として制度について知り，上司や同僚と情報交換していたという可能性もあるだろう。

そこで，企業が企画して行うセミナーや，パンフレット・リーフレットのような社内メディアを通じた情報提供が従業員の介護不安や介護に直面した際の就業継続不安の軽減につながるといえるのか，厚生労働省では2014年に実証実験を行っている。この実証実験の結果は，厚生労働省雇用均等・児童家庭局（2015）および佐藤・松浦・池田（2015・2017）として公表されている。以下では，その結果を紹介し，介護セミナーの開講や，リーフレットによる情報提供が両立支援制度についての正確な理解を促し，介護に直面した際に仕事を「続けられる」という認識を従業員にもたせることにつながることを示す。

この実証実験では実験に参加した企業100社の従業員（原則として正社員）に対して，仕事と介護の両立に必要な情報提供として，リーフレットの配付やセミナーを実施し，その効果を従業員へのアンケート調査で測定した。

情報提供のために配付したリーフレットは，Ａ４版・４頁で介護に直面しても慌てないための事前の心構え，一人で課題を抱え込まずに会社や上司に相談することの重要性，介護保険制度や勤務先の両立支援制度の解説等からなる。一方，セミナーは60分で，リーフレットと同様に事前の心構え，仕事と介護の両立のポイント，働き方の見直し等からなる（厚生労働省雇用均等・児童家庭局，2015）。

仕事と介護の両立支援に関係する諸制度の趣旨や利用方法を従業員に正確に伝えるためには，双方向のコミュニケーションが可能なセミナーが望ましいが，セミナーの実施は，時間と場所の制約が大きい。そこでセミナーの内容を概略的に解説したリーフレットを補助的に配付した。

これらのセミナーやリーフレットでは，仕事と介護の両立について，（1）事前の心構えの重要性，（2）一人で抱え込まずに職場や介護の専門家に相談することの重要性，（3）働き方の見直しの重要性という，3つの柱を設けて解説している。また，両立にかかわる制度への理解を深めるため，介護休業をはじめとする勤務先の両立支援制度と，地域包括支援センターをはじめとする介護保険制度の解説を行った。

情報提供の効果を測定する方法としては，セミナー開講とリーフレット配付の前後にそれぞれアンケート調査を実施し，両方に回答した者の事前と事後の回答を比較することによって，セミナーの受講やリーフレットの閲読が従業員の認識や意識に変化をもたらしているかを検証した。

情報提供の最終的な効果としては，事前に介護をしながら仕事を続けられると思っていなかった従業員が「続けられる」と思うようになることが重要である。そのような趣旨から，介護をしながら仕事を続けることについて，事前には「続けられないと思う」もしくは「わからない」と回答していた従業員を分析対象に，そうした従業員が「続けられると思う」か否かに着眼している。

図表5-2は，セミナー受講やリーフレットの閲読において重要性を理解した事項の割合である。「職場に伝えて，両立支援制度を利用」「事前の心構えの重要性」「介護保険サービスを利用し，自分で『介護をしすぎない』」といった事項を理解する割合が相対的に高い。特に相対的に割合が低い「家族と良好な関係を築く」ことや「働き方の見直し」についても3分の1を超える割合で重要性を理解するようになった。

図表５-２　**セミナー・リーフレットを通じて重要性を理解した事項割合**

	セミナー	リーフレット	いずれか該当
職場に伝えて，両立支援制度を利用	31.3	42.7	53.2
事前の心構えの重要性	30.4	40.4	53.3
介護サービスを利用し，自分で介護をしすぎない	29.6	37.6	48.1
ケアマネなど，専門家に相談	26.8	33.2	41.8
自分の時間を確保	22.4	27.3	36.6
働き方の見直し	20.2	26.1	35.7
家族と良好な関係を築く	22.0	25.7	35.0

(%)

注：現在介護をしておらず，介護をしながら仕事を続けられると思っていないサンプル
出所：佐藤・松浦・池田（2015）p.32

次に仕事と介護の両立に関係する制度の理解について，情報提供前は知識をもっていなかった対象者が，その趣旨や内容を理解するようになっているか，みてみよう。

図表５-３は勤務先の両立支援制度について「制度があるかどうか知らない」「制度はない」と回答している対象者の制度理解度を示している。表側はセミナーとリーフレットの組み合わせ別にしている。セミナーとリーフレットの「どちらもなし」に比べて，いずれかがある場合は「制度の内容がわかる」割合が高く，「どちらもあり」の場合は29.5％と，さらにその割合が高い。つまり，情報提供を通じて勤務先の両立支援制度を理解したといえる。

一方，介護保険制度に関する知識の浸透度はそれほど高くない。**図表５-４**には地域包括支援センターの認知度を示しているが，利用方法まで知っている割合はセミナーとリーフレットの「どちらもあり」でも15.9％であり高い割合を示しているとは言い難い。しかし，「名前は知っている」は61.8％になる。「セミナーのみ」でも「名前は知っている」は48.8％，「リーフレットのみ」でも35.5％あり，「どちらもなし」より高い割合を示している。今すぐに利用し

**図表5-3　セミナー・リーフレットの組み合わせ別
勤務先の両立支援制度の認知度（事前：知らない・制度はない）**

	制度の内容がわかる	制度があることは知っている	制度があるかどうか知らない	制度はない	N
どちらもあり	29.5%	51.9%	16.4%	2.2%	268
セミナーのみ	16.4%	56.7%	25.4%	1.5%	67
リーフレットのみ	14.0%	48.3%	36.9%	0.8%	236
どちらもなし	1.7%	34.8%	62.1%	1.4%	351
合計	14.0%	44.8%	39.7%	1.5%	922

注：現在介護をしておらず，介護をしながら仕事を続けられると思っていないサンプル
出所：佐藤・松浦・池田（2015）p.33

**図表5-4　セミナー・リーフレットの組み合わせ別
地域包括支援センターの認知度（事前：名前も知らない）**

	利用方法知っている	名前は知っている	名前も知らない	N
どちらもあり	15.9%	61.8%	22.3%	301
セミナーのみあり	8.8%	48.8%	42.5%	80
リーフレットのみあり	4.7%	35.5%	59.9%	279
どちらもなし	2.0%	17.9%	80.1%	402
合計	7.2%	37.3%	55.6%	1062

注：現在介護をしておらず，介護をしながら仕事を続けられると思っていないサンプル
出所：佐藤・松浦・池田（2015）p.35

ない介護保険制度の利用方法まで覚えておくことは期待しにくいことかもしれない。だが，名前を覚えておくだけでもいざというとき役に立つだろう。

このようにセミナーとリーフレットの「どちらもあり」において正確な知識をもつようになる割合は最も高く，次に「セミナーのみ」，そして「リーフレットのみ」が続く。企業からの情報提供を通じて仕事と介護の両立について理解した従業員は，介護に関する不安を軽減しているといえる。

最後に**図表5-5**で，セミナーやリーフレットが就業継続見込みを高めるかを示す。セミナーとリーフレットの「どちらもなし」に比べると「セミナーのみ」「リーフレットのみ」でも仕事を「続けられると思う」とする割合は高くなっている。「どちらもあり」だとさらに高い。

図表5-5｜セミナー・リーフレットの組み合わせ別　就業継続見込み割合

	続けられると思う	続けられない	わからない
どちらもあり(N=535)	23.7%	24.1%	52.1%
セミナーのみ(N=120)	16.7%	32.5%	50.8%
リーフレットのみ(N=446)	19.5%	31.4%	49.1%
どちらもなし(N=528)	11.2%	42.2%	46.6%

注：現在介護をしておらず，介護をしながら仕事を続けられると思っていないサンプル
出所：佐藤・松浦・池田（2015）p.40

仕事と介護の両立に関する不安の背景にある知識・情報不足の問題は，企業からの適切な情報提供によって解決できる可能性が高い。企業が両立支援制度を整備していても，そのことを理解していない従業員は，将来の介護に不安を抱くだけでなく介護に直面したときにも，本来の趣旨に沿った両立支援制度の使い方をしないだろう。結果として，企業が両立支援制度を整備しても，介護離職を防ぎ，仕事と介護の両立を可能にするという期待された効果を得られなくなる可能性がある。そのようなことにならないよう，事前に情報提供をし，介護と向き合う心構えを説いておくことが重要である。

3　介護の相談ができる仕組みづくり

(1)　職場で介護のことを話せるか

佐藤・松浦・池田（2015・2017）では，セミナーの受講内容の効果も推計している。その結果を簡単に紹介すると「職場に介護を行っていることを伝え，仕事と介護の両立支援制度を利用する」ことと「働き方の見直しの重要性」が仕事を「続けられる」とする見通しに関係している。

ただし，「働き方の見直し」については，その重要性をセミナーやリーフ

レットで理解した従業員は，「仕事を続けられる」と思うようになる確率が下がる，つまり，通常予想される結果とは逆に情報提供にマイナスの効果がある（佐藤・松浦・池田，2015 p.41）。これは単に言葉で重要性を伝えても，実際は残業が恒常的にある，あるいは休暇を取りにくいということであるなら，単に現実を知り悲観的になってしまうということだろう。

こうした日々の働き方・休み方の問題は，介護のことを職場にいい出しにくい雰囲気にもつながっている可能性がある。西久保（2015）は，介護していることを勤務先に告知する行動を「カミングアウト」と呼び，「有休を取りやすい職場」である場合に介護経験者がカミングアウトする確率は高くなることを明らかにしている（西久保，2015 p.132）。ただし，介護未経験者の今後の介護の見通しについては，「自分が休むと業務が滞る」という場合にもカミングアウトする確率が高くなる。これは休暇を取りにくい要因のようにも思えるが，「情報共有のために打ち合わせを行っている」という場合にはカミングアウトする確率が高く，「個人の成果を厳しく評価される」という場合はその確率が下がるという推計結果も示している（西久保，2015 pp.126-127）。

これら西久保（2015）の結果を統合して考えるなら，問題は，休暇取得行動をめぐる職場のコミュニケーションにあるといえる。自分が休むと業務が滞るなら，情報共有をしておく必要がある。その連絡や相談が日頃からできていれば，介護に直面したときに，その事情を明かして休暇を取るという行動を起こしやすい。反対に個人の成果を厳しく評価されるなら，評価を下げるような介護の実情は会社に黙っておくという行動も納得できる。

なお，**図表5-6**にあるように，勤務先に介護を相談していない介護者は，相談した場合に比べて，仕事を「続けられない」という割合が高いとはいえない。だが，「続けられる」という割合が相対的に低くなるのは「わからない」という割合が高いためである。「わからない」という先行きの不透明感が相談体制の整備によって解消し，離職防止につながるのであれば，その意義は大きいだろう。

このように，従業員の介護不安に対処することは，単に介護という個別の課題に対応することだけでなく，企業と従業員のコミュニケーションを通じた信

図表５-６｜ 勤務先の介護相談の有無別　離職意図

	続けられると思う	続けられないと思う	わからない	合計	N
勤務先に介護相談した	70.7%	9.9%	19.4%	100.0%	649
勤務先に介護相談していない	62.2%	10.4%	27.4%	100.0%	230
合計	68.5%	10.0%	21.5%	100.0%	879

出所：労働政策研究・研修機構（2020b）p.58

頼関係を醸成し，具体的な問題意識をもって働き方改革に取り組む契機になり得る。

しかしながら，育児と介護の違いとしてもう一つ，当事者が歓迎できるライフイベントか否かという問題もある。一般的にいって子どもの誕生は，「おめでとう」という言葉をもって歓迎される明るい話題である。企業から従業員へのアプローチにおいても声をかけやすく，両立支援制度の利用や働き方・休み方について話し合う機会をつくりやすい。一方，介護は家族の病気やけがが快復しない状態が続くのだから，歓迎できるライフイベントとはいえない。要介護者状態にある家族がどのような状況にあるのか率直に尋ねて良いものか迷うし，家族との介護分担についても兄弟姉妹や親族の複雑な事情が関係してくるとしたら，立ち入ったことは聞けない気持ちになるだろう。端的にいって介護は暗い話題，その意味で気を遣うライフイベントである。従業員の方も，通常の勤務をしながら介護に対応できるなら，上司や同僚に余計な気を遣わせたくないという気持ちになるかもしれない。

介護の問題があることを企業や上司に伝えると，介護という労働供給制約によって責任のある仕事を任されなくなるかもしれないし，昇進に影響があるかもしれないと不安に感じている従業員もいる。仕事にプライベートを持ち込まないという意識もある。一方，管理職にも部下のプライベートに立ち入らないのがマナーであるという意識があるだろう。

同じことは育児にもある。しかし，そのような意識がなかったとしても，やはり介護には気を遣う。本章で取り上げたコミュニケーションの問題は，そうした余計な気遣いをすることなく，介護を話題にしやすい雰囲気づくりの醸成につながる。仕事の情報共有がカミングアウトの確率を高めるという前述の西久保（2015）の分析結果は，仕事のスケジュールや分担を決めるときに，仕事だけでなく，仕事以外の生活の都合も勘案していることを示唆している。

このような雰囲気づくりのキーパーソンの１人が管理職である。部下のワーク・ライフ・バランスを支援する管理職を「WLB管理職」（ワーク・ライフ・バランス＆多様性推進・研究プロジェクト，2014）という。これは「自らメリハリのある働き方をし，自分自身の生活も大事にする」「部下のWLBを考慮し，所定労働時間内で仕事を終えることを推奨し，業務遂行を支援する」という２つの要件によって定義されているが，より具体的には「（１）時間の使い方を考えて仕事をしている」「（２）自分の生活（家庭役割など）を大切にしている」「（３）部下の仕事以外の事情に配慮している」「（４）業務遂行がうまくいくよう部下を支援している」「（５）所定時間内で仕事を終えることを推奨している」という５つの要件を満たす管理職とされている（ワーク・ライフ・バランス＆多様性推進・研究プロジェクト，2014 pp.16-17）。管理職の詳細については同じダイバーシティ経営シリーズの坂爪・高村（2020）に譲りたいが，このWLB管理職は「課・グループのメンバーとのコミュニケーションを円滑化」を重視していることを一つの特徴として，ここでは指摘しておきたい（ワーク・ライフ・バランス＆多様性推進・研究プロジェクト，2014 p.21）。

職場の人員をギリギリまでスリム化している昨今，理由をいわなくてもいつでも休暇を取ることができたり，早く帰れたりする職場は少ないだろう。残業削減や休暇取得を進めるために，お互いの仕事や私生活を調整するコミュニケーションが重要になっている。そのコミュニケーションの中で介護のことも話題にしやすい雰囲気をつくることが重要である。

(2) 勤務先以外にも相談する機会をつくる

勤務先に介護の相談をしていなくても，家族や地域に相談先がある介護者は少なくない。「介護離職ゼロ」（内閣府，2016）の流れを受けて地域の介護支援政策においても，介護する家族の不安や悩みに答える相談機能の強化・支援体制の充実を図り，厚生労働省（2018b）のような家族介護者支援マニュアルを出したり，ケアマネジャーの研修で家族支援を含めたり，総合相談で家族支援をするよう通達を出す等，介護者支援への関心は高まりつつある。

図表5-7には介護離職の有無別に介護の相談相手の割合を示しているが，最も割合が高いのは「家族・親族」であり，「ケアマネジャー」がこれに続く。特に「就労者」はケアマネジャーに相談している割合が高い。

ケアマネジャーは介護の専門家であり，要介護者のケアプランを作成する担当者でもある。ケアマネジャーに相談すれば，仕事と介護を両立しやすいケアプランを作成してもらうことも可能である。**図表5-7**の「就労者」がケアマネジャーに相談している割合が高いことから，仕事と介護の両立にとって有益

図表5-7｜ 介護離職の有無別　介護について相談した人

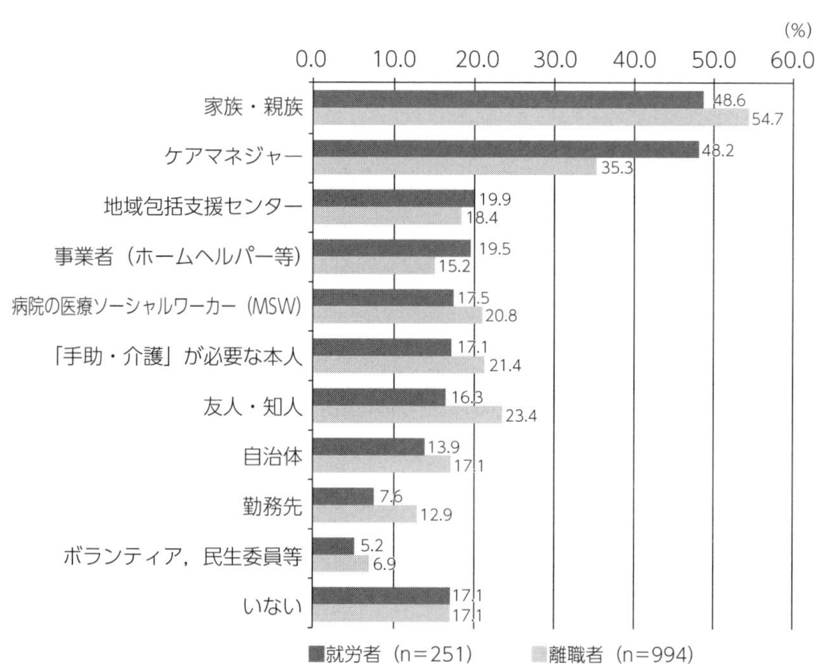

注1：自分が介護している要介護者すべてにかかわる相談。1人を介護している人も，複数を介護している人も含まれる
注2：「離職者」は，離職前の状況について聞いている
出所：三菱UFJリサーチ＆コンサルティング（2013b）p.51

な関係をケアマネジャーとの間に築いている介護者は少なくないようだ。

ケアマネジャーは要介護者に必要な介護の課題を分析する「介護アセスメント」において家族の状況も考慮することになっている。そのため，介護を担う家族がケアマネジャーに自身の仕事の状況を伝えれば，家族が仕事で介護をできない時間帯にサービスを利用できるようにする等，要介護認定の範囲内で，家族が働きやすいケアプランをつくってもらうことができる。

ただし，介護保険制度によるサービスの利用者はあくまでも要介護者であるということに留意する必要がある。ケアマネジャーが作成するケアプランは，被保険者である要介護者の介護ニーズに沿って作成されるものであり，原則として介護を担う家族の要望を聞く必要はない。そのため，介護者から仕事と介護の両立に関する要望をケアマネジャーに伝えなければ，要介護者の家族の就業状況を踏まえたケアプランにはならない可能性が高い。

この問題を分析した松浦・武石・朝井（2015）は，ケアマネジャーが正社員として働く家族介護者の働き方について詳細に聞き取りをしているとはいえない実態を明らかにしている。特に「勤務先の介護支援制度の利用しやすさ，利用意向」や「勤務先の上司，同僚，部下の理解や協力の状況」の把握が不十分であるという（松浦・武石・朝井，2015 p.78）。結果を**図表５-８**に示すが，「勤務日と勤務時間」は「必ず聞く」という割合が６割を超えているが，その他は半数に満たない。「できれば聞く」を合わせた聞き取り割合は「仕事の内容（勤務形態や職種等）」「残業や夜勤の頻度や程度」が９割弱，「出張の頻度」は７割程度ある。一方，「転勤の可能性」「勤務先の介護支援制度の利用しやすさ，利用意向」「勤務先の上司，同僚，部下の理解や協力の状況」は「必ず聞く」「できれば聞く」の合計割合が４割前後にとどまっている。

こうした問題に対応した企業の取組みとして，大成建設株式会社は介護に直面した従業員がケアマネジャーとコミュニケーションをとるためのツールを開発している。このツールには，自社の両立支援制度の規定が記されており，働きながら介護をするために，従業員がどのような働き方ができるのかをケアマネジャーに伝えられるようになっている（日本経済団体連合会，2018 pp.58-59）。

図表５-８　正社員の介護者の働き方に関するケアマネジャーの聞き取りの状況

（単位：％）

	必ず聞く	できれば聞く	自分からは聞かない	そこまで聞く必要はない	無回答
仕事の内容（勤務形態や職種等）	37.0	51.5	9.1	1.6	0.7
勤務日と勤務時間	63.7	32.0	3.5	0.2	0.6
残業や夜勤の頻度や程度	40.6	45.3	11.1	1.6	1.4
出張の頻度	27.3	42.6	21.8	6.5	1.7
転勤の可能性	12.0	33.4	34.8	17.2	2.6
勤務先の介護支援制度の利用しやすさ，利用意向	10.3	33.9	42.0	12.1	1.7
勤務先の上司，同僚，部下の理解や協力の状況	6.7	27.9	45.7	17.8	2.0

0　20　40　60　80　100％

N＝1,772

注：ここ３年以内に，介護者が正社員として働いているケースが「たまにあった」「しばしばあった」と回答したケアマネジャー

出所：松浦・武石・朝井（2015）p.71

同様のツールは厚生労働省でも提供している[1]。「ケアマネジャーに相談する際に確認しておくべきこと」というツールには，「1 介護が必要な人について」「2 あなた自身について」「3 勤務先の両立支援制度について」という３つの問題についてチェックリストが示されている。

なお，厚生労働省では，「親が元気なうちから把握しておくべきこと」という家族とのコミュニケーションツールも開発している。このツールは老親介護を想定しており，介護を受ける可能性がある「親の状況」や介護者となり得る「家族・親族の状況」「地域包括支援センターの所在地や連絡先」「自身の勤務先の仕事と介護の両立支援制度の状況」を記入し，介護に直面したときに介護方針の判断材料となる情報をあらかじめ整理しておけるようになっている。

家族との関係は，介護をしながら仕事を続ける方向に作用しないこともある。

老親が要介護状態になったときに，兄弟姉妹の中で誰が介護をするかあらかじめ決まっていないこともある。他の兄弟姉妹のキャリア継続のために，別の兄弟姉妹が就業を断念することもある。治療方針や介護方針をめぐって要介護者と介護者，あるいは介護者となる家族・親族同士の意見が対立し，摩擦が起きることもある。こうした関係性を西久保（2015）は「複雑な当事者性」と呼んでいるが，複雑なまま介護に向き合うのではなく，あらかじめ整理しておくことで，家族との介護分担や要介護者との関係を良好にする必要がある。

勤務先以外の関係者との連絡や相談は，本来は従業員が私生活の中で自発的に行うべきことだと思うかもしれない。しかし，家族や地域社会とのつき合いにも作法（リテラシー）が要る。その作法を知らなければ，仕事と介護を両立するために，家族と何を話せば良いか，ケアマネジャーとどのように連絡を取れば良いか，何もわからないだろう。家も地域も「寝に帰るところ」という仕事中心的な生活であれば，なおさらそうに違いない。そのような状況で，介護に直面し，自己流で両立を図ることになると，深刻な事態を招きかねない。

そこで，前節の従業員向けセミナーを開いて従業員に事前の心構えを説くことが重要になる。そのとき，社内の制度や相談窓口だけでなく，家族や地域社会の介護保険制度にも意識を向けるよう促すことが重要である。厚生労働省のリーフレット「仕事と介護の両立準備ガイド」は，この従業員向けセミナーと併用して配付するために開発されたものであるが，ここには上述の家族やケアマネジャーと相談するためのツールを総括する内容が記載されている。その中に「仕事と介護はこうやって両立させる！５つのポイント」として，以下のことが記されている。

1）「家族等の介護を行っている」ことを職場の上司，同僚，人事部などに早期に伝え，必要に応じて，勤務先の「仕事と介護の両立支援制度」を利用する。
2）介護保険サービスを利用し，自分で「介護をしすぎない」。
3）ケアマネジャーを信頼し，「何でも相談する」。
4）日ごろから「家族や要介護者宅の近所の方々等と良好な関係」を築く。
5）介護を深刻に捉えすぎずに，「自分の時間を確保」する。

厚生労働省（2018a）では「介護保険の申請は早めに行い，要介護認定前から調整を開始する」が追加されて，６つのポイントになっている。本章で最初に取り上げた**図表5-2**のセミナーやリーフレットはこの内容を反映している。

本節で取り上げた相談相手としては，１）が職場の上司，同僚，人事部，３）と４）がケアマネジャーや家族に言及している。３）のケアマネジャーへの相談によって，自身の働き方や介護以外の生活に合ったケアプランをつくることができる。これによって，２）の自分で介護をし過ぎない介護保険サービスの利用が可能になる。また，４）の家族や近隣との良好な関係によって介護保険サービスを利用していない時間にも，要介護者から離れて自分の時間を確保することができる。そのように有機的に理解することが重要である。

4　実効性ある両立支援に向けて

(1)　両立支援のハードとソフト

育児・介護休業法は，主として休暇・休業・勤務時間短縮といった労働時間の面から仕事と介護の両立支援を規定している。一方，介護保険制度は，介護サービスや自宅改修費等の経済的支援を提供している。

これらは時間やお金やサービスを物理的に右から左に何かを移して提供する支援という意味でハードウェアの支援と呼ぶことができるだろう。介護者の健康問題についても，具体的な治療や投薬，レスパイトのための施設利用はハードウェアに分類できる。また，休暇・休業・短時間勤務にともなう職場の代替要員や，家族との介護分担，介護の手助けも人が右から左に動いて支援を提供するという意味でハードウェアの支援といえる。働く介護者は，そうした物理的な支援を調達することで仕事と介護の両立を図る。

一方，介護に必要な知識を得るための情報提供や相談体制の構築は，何かを物理的に右から左に移すのではなく，知識や問題意識の共有といった意味合いが強い。また，要介護者や家族，職場の上司や同僚との人間関係は気持ちの通じ合いといったニュアンスだろう。ハードウェアとしての支援を効果的に利用するノウハウといった面も含まれる。その意味で，これらは両立支援のソフトウェアと呼ぶことができる（労働政策研究・研修機構, 2020b p.90)。

仕事と介護の両立を可能にするためには，このハードとソフトの両方が必要である。本章で取り上げた情報提供や相談の仕組みは，ソフトの中核に位置する。こうしたソフトウェアの両立支援はハードウェアの法規制に比べると強制力が弱く重要性がそれほど浸透していないようにみえるが，実は効果が大きいという認識をもって整備・拡充を進めることが重要である。その起点となるのが，企業と従業員あるいは上司と部下のコミュニケーションである。

⑵ 日頃が問われる

介護は問題に直面する前のコミュニケーションが両立の成否を左右する。そのため，介護がない従業員も含めた職場の雰囲気づくりが重要である。

日頃から従業員の個人的生活の事情を話しやすい雰囲気があり，個人の生活に配慮した働き方・休み方ができていれば，介護だけを特別に考える必要はなくなるだろう。介護は気を遣うライフイベントであるからこそ，日頃の職場の人間関係や信頼関係が問われる。特に最近は個人主義が進み，介護に限らず，お互いに干渉しない関係が増えていることだろう。なるべく立ち入らないで働く，その結果として，重要な問題を見過ごすリスクが高まっている。介護も離職だけでなく労災のリスクをはらんでいる。仕事の情報共有のため打ち合わせを行っている場合は介護のカミングアウトをする確率が高いという研究を紹介したが，上司にとって不都合な事実でも部下が報告・連絡・相談をためらわない雰囲気をつくる目的で，管理職研修に介護セミナーを取り入れている企業もある。介護問題を機に，日頃の職場コミュニケーションのあり方を見直すことが重要である。

家族との関係も同じである。介護が始まってから，親族とその話をいきなりしても良好な介護分担はできない可能性がある。介護を機に，それまで蓋をしていた家族・親族の人間関係の負の部分が顕在化するということもよく聞く話である。結果として，誰かが犠牲になるような介護は望ましくない。そうならないよう，老親の加齢をともに見守る中で，いずれ向き合うことになる介護について少しずつ意見や方針をすり合わせていくことが重要である。

地域社会においては，雇用されて働く就業者は支援の手が届きにくい「アウトリーチ」の対象ともいわれている。「地域包括支援センター」という言葉を知っていても，いきなりは訪問しにくいという人もいるだろう。頭でわかっていれば動けるというものでもない。地域の行政サービスは介護だけではない。駅と自宅の往復で毎日が過ぎていく生活をするのでなく，日ごろから地域社会に関心をもっておくことがいざというときの備えになる。郷里に住む両親の友人と知り合いになっておけば，いざというときに頼れるということもある。

要するに，職場でも家庭でも地域でも，日頃から良好な人間関係を築いておくことが備えになる。しかし，家庭や地域にそのきっかけがあるとは限らない。そのため企業がセミナー等を開いてきっかけづくりの後押しをすることが重要である。

POINTS

- ◆ 介護は突然始まることもあるため，セミナーやリーフレット等を通じて，仕事と介護の両立に必要な事前に情報提供を行い，介護に関する心構えを従業員にもつよう促すことが重要。
- ◆ 日頃から，仕事の分担や情報共有の過程で，介護に限らず，私生活に配慮した働き方・休み方ができるよう職場で話し合っておくことが重要。
- ◆ 勤務先以外の家族やケアマネジャーとの連携も仕事と介護の両立にとって重要であることから，自身の仕事についてケアマネジャーに伝えるべき内容を整理しておくことも重要である。

注

1　厚生労働省のウェブサイト「仕事と介護の両立支援～両立に向けての具体的ツール～」でダウンロードできる。https://www.mhlw.go.jp/stf/seisakunitsuite/bunya/koyou_roudou/koyoukintou/ryouritsu/model.html

第6章

さらなる少子高齢化への対応

仕事と介護の両立は，育児と異なり，これから本格化していく問題である。さらなる少子高齢化に対応した両立支援の留意点を本章で検討したい。一つには，一人で高齢者を介護する単身介護者の増加が予想される。この単身介護者の離職率に男女差はなく，仕事と介護の両立支援の課題は男女共通になっていくことが予想できる。その一方で，育児と介護をともに担うダブルケアラーと独身のシングルケアラーの違いが典型的だが，同じ性別・年齢で介護に直面しても，そのときの生活状況によって両立支援のニーズは多様である。このように，切実な介護問題と向き合う従業員は増えていくと予想される。しかし，要介護度が低いうちは，要介護者の自立を重視した生活を送る介護者が少なくない。要介護度が重くなったら，介護のために短時間勤務や転居転勤の配慮も必要になるが，介護へのコミットメントを過度に助長して仕事を犠牲にすることがないように支援することが重要である。

1　介護者不足の時代へ

少子高齢化を背景に介護が社会問題とされて久しい。だが，介護問題はこれからが本番といって良い。本章では，これからますます本格化する介護問題のゆくえを占い，今後の仕事と介護の両立支援の考え方を示すことにしたい。

図表6-1は高齢人口の将来推計である（内閣府，2017)。65歳以上の人口を15～64歳（以下，現役世代と呼ぶ）の人口で支える割合に注目したいのだが，「団塊の世代」が75歳以上になるといわれている2025年には1.9人で1人を支え

図表6-1　高齢世代人口の推移

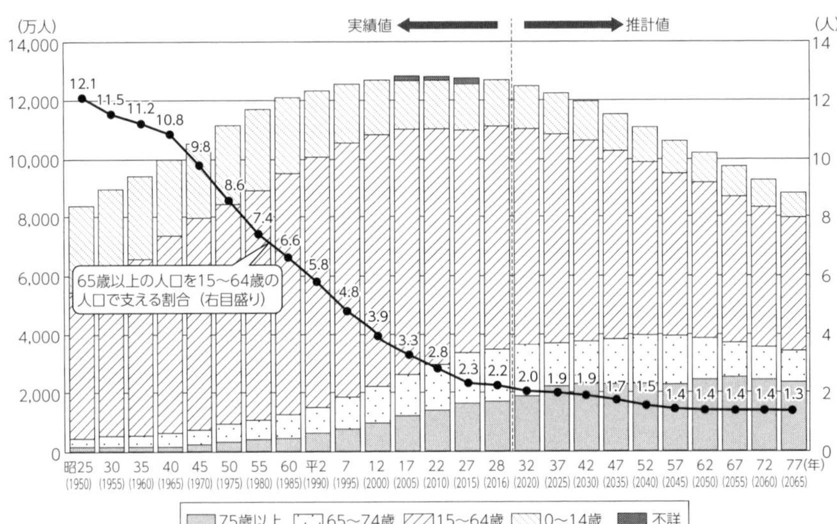

資料：2015年までは総務省「国勢調査」，2016年は総務省「人口推計」（平成28年10月１日確定値），2020年以降は国立社会保障・人口問題研究所「将来推計人口（平成29年推計）」の出生中位・死亡中位仮定による推計結果

注：2016年以降の年齢階級別人口は，総務省統計局「平成27年国勢調査　年齢・国籍不詳をあん分した人口（参考表）」による年齢不詳をあん分した人口に基づいて算出されていることから，年齢不詳は存在しない。

出所：内閣府（2017）p.5

るという推計になっている。第２章で取り上げた育児・介護休業法の改正があった2016年は2.2人もいたのに，である。つまり前章までに示した仕事と介護の両立支援の考え方は，高齢者１人を支える現役世代が２人はいる社会を前提にしていた。しかし，今後はその数が２人に満たないという前提で「大介護時代」と呼ばれる未曽有の時代の両立支援を考える必要がある。

振り返ってみると，これまでも介護問題として取り上げられる具体的な現象は常に同じだったわけではない。1995年に育児・介護休業法が制定された当時とは介護問題を取り巻く状況が様々に変化している。

一番大きな変化は2000年の介護保険制度の施行だろう。これにより，介護サービスの供給体制が様変わりしたことが介護休業のニーズにも影響している

(池田，2010)。原因疾患における認知症の広がりも大きな変化の一つである。育児・介護休業法は，設計当時の主要な原因疾患である脳血管疾患の症状経過をモデルにつくられている（労働省婦人局，1993・1994)。介護保険制度の要介護認定も歩行や着替え，等の日常生活動作における身体機能を基準としている。しかし，認知症は，このような身体介助の必要性とは別の次元の介護負担を家族にもたらし，介護休業の必要性とは別の要因の介護離職を生んでいる(池田，2010)。関連して，出勤しているが介護疲労によって仕事の能率は落ちているプレゼンティーズムも最近明らかになった問題である。木下（2020）は，事例調査から，今日の「新しい認知症ケア」では個々の認知症患者の心に寄り添う介護をするため，患者の人生をよく知る家族によるケアが重視されていると指摘する。認知症介護と仕事の両立は今後も議論を深めるべき重要なテーマであるといえる。

つまり，少子高齢化という量的な人口構成比の変化だけでなく，発生する問題の質的な変化が介護にはある。この質的な問題の変化をとらえて適切な両立支援を行う感性が企業には求められる。この点に留意し，以下では，今後の少子高齢化によって起こり得る問題を素描し，その観点から今後の仕事と介護の両立支援の考え方を示すことにする。

2　介護者不足の帰結

(1)　単身介護者の離職問題

はじめに，量的な介護者の不足が，どのような離職リスクをもたらすか検討してみよう。前述のように日本の全人口構成の問題として，高齢者１人を支える現役世代が２人に満たないということは，家族の中に限定していえば，自分以外に介護者がいないという単身介護者が増える可能性がある。

そのような問題意識で**図表６-２**をみたい。この図は正規雇用の男女を比較して介護発生から終了までの同一就業継続割合を示している。介護発生時に主介護者であるか否かと主介護者だった場合には介護を分担する家族がいたか否

図表6-2　男女別　介護発生から終了までの同一就業継続割合
―介護発生時の介護分担状況別―（介護発生時正規雇用）

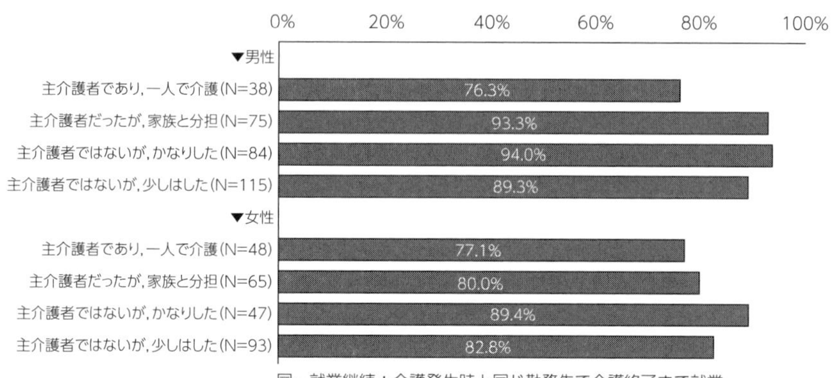

注：「自分は介護をしていなかった」はサンプルサイズが小さいためグラフから除外している
出所：労働政策研究・研修機構（2017a）p.201をもとに筆者作成

かを分けている。「主介護者ではない」という場合と「主介護者だったが，家族と分担」という場合の同一就業継続割合は男性の方が高い傾向にある。裏返していえば，男性の方が離職割合は低い。しかし「一人で介護」（主介護者であり，一人で介護）している場合は男女差がなく，男女とも，分担する家族がいる場合に比べて同一就業継続割合は低い。

介護を分担する家族がいる場合に男性の同一就業継続割合が女性より高いのは，「男性は仕事，女性は家庭」という性別役割に従った結果であるか，より具体的に家計を支える必要性から仕事を辞められないという事情があるものと推察できる。しかし，介護を分担する家族がおらず，一人で介護する場合には男女の役割などといっていられないほど介護負担は重くなる。物理的な負担だけでなく，要介護者との情緒的な関係という意味でも，介護を一身に引き受けるようになる。つまり，現役世代の人口減少という問題は特に男性の介護において切実である。

男性介護者の増加は，「介護は女性の仕事」という役割規範から自由な男性が増えていることを必ずしも意味しない。主たる介護役割は，「親世代の女性（母）→子世代の女性（娘・妻）→男性（父・息子・夫）」の順で割り当てられる傾向がある（労働政策研究・研修機構，2006b pp.28-29）。男性介護者が増えているといわれる今日でも，家族に女性がいれば依然として女性が主介護者になる可能性が高い。裏返していえば，男性は介護者となった時点で，ほかに介護する家族がいないという事態に直面する可能性が女性よりも高いといえる。もちろん女性も家族の縮小によって離職リスクは高まるが，男性において一人で介護を担う単身介護の問題がより顕著に表れるといえる。

これまでは同じ介護者でも男女によって両立困難の表れ方は異なっていた。離職率は女性の方が高い。一方，第４章でみたようにプレゼンティーズムは男性の方が顕著である。しかし，家族の中で介護の担い手が数量的に不足して一人で介護をする単身介護者が増えると，男性も女性と同じ両立困難に直面するようになり，男女の共通性が際立ってくるといえる。

なお，こうした単身介護が増える背景には，家族・親族の人口構成比の問題として，介護の担い手となる世代より要介護者となる世代の方が多くなっているという問題がある。典型は，夫婦がともに実父母の介護をするというケースである。かつてのように夫の両親の介護を妻に期待できなくなっている背景には，兄弟姉妹数の減少により，妻も実家の両親を介護する必要が生じているという事情がある。さらに，両親に代わって祖父母の介護をしている孫も目立つようになっている（労働政策研究・研修機構，2015）。これまでの高齢者介護は主として老親介護を念頭に置いてきたが，要介護者の続柄が多様化しつつある。そうした動向を受けて，2016年改正の育児・介護休業法では介護休業の対象家族の範囲を見直している。結果として祖父母や兄弟姉妹の同居・扶養要件を外した。

図表6-3はそのときの検討に使ったデータであるが，筆者も参加した厚生労働省の研究会ではおじ・おばを対象家族に含めるかという問題意識があった。**図表6-3**が示すように，このときはおじ・おばを介護している割合が1.1％に過ぎなかったことから，対象家族に含めることは見送られた。しかし，その前に筆者はいくつか事例を耳にし，おじ・おばの介護がそれほど珍しくないという印象をもっていた。2016年改正当時はまだ少なかったが，今後は増えていく可能性があると予想される。たとえば，両親は他界しているが，その兄弟姉妹

図表6-3　介護者からみた要介護者の続柄の割合

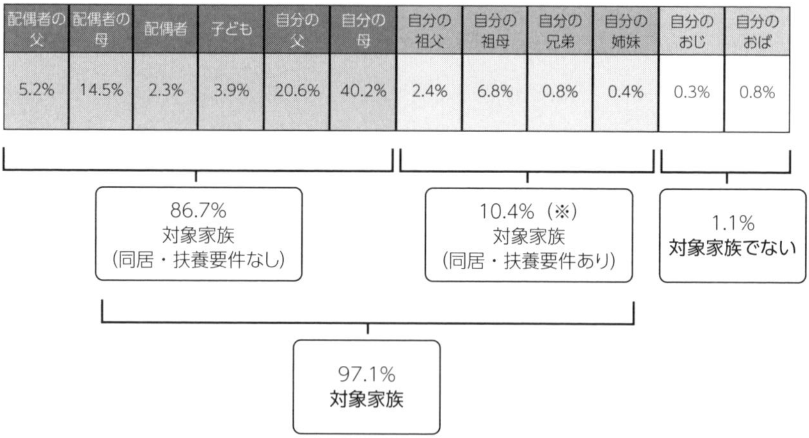

配偶者の父	配偶者の母	配偶者	子ども	自分の父	自分の母	自分の祖父	自分の祖母	自分の兄弟	自分の姉妹	自分のおじ	自分のおば
5.2%	14.5%	2.3%	3.9%	20.6%	40.2%	2.4%	6.8%	0.8%	0.4%	0.3%	0.8%

86.7%　対象家族（同居・扶養要件なし）

10.4%（※）　対象家族（同居・扶養要件あり）

1.1%　**対象家族でない**

97.1%　**対象家族**

※「孫」を介護する割合は，調査票に項目がないため不明
注：2016年改正法から祖父母と兄弟姉妹の同居・扶養要件は撤廃
出所：厚生労働省雇用均等・児童家庭局（2015）参考資料集p.51

がまだ存命で介護を必要としているような状況である。そのおじ・おばに子どもがいれば，その子が介護者となるはずであるが，独身や夫婦のみで子どもがいないために甥や姪が介護をすることになっている。その甥や姪以外に介護者となる親族がいなければ単身介護になる可能性は高い。

このように，配偶者や両親という従来の続柄だけでなく，その範囲が広がる形で単身介護者が増えていく可能性がある，その負担の重さから男性も女性と同じように介護離職の危機に直面することが予想される。もちろん介護は１人の対象家族を介護したら終わりということでなく，複数の要介護者を同時に介護したり，連続して介護を担ったりする，多重介護，連続介護，複数回介護等の問題も起きつつある。それだけ潜在的な介護離職のリスクは男女双方において高まっていく可能性がある。しかし，それは少子高齢化にともなう介護問題の一つの帰結に過ぎない。反対に，少子高齢化によって両立支援のニーズが多様化していく側面もある。

(2)　多様化する両立支援のニーズ

少子高齢化にともなって近年出現した新たな問題の一つに「ダブルケア」がある[1]。ダブルケアとは育児期と介護期が重なり，子育てと介護という２種類のケアを同時に行うことを指す。晩婚化・晩産化により育児期の年齢が上昇したことを背景に問題として認識されるようになった。

だが，独身時代が長く続いた結果，結婚する前に介護に直面する独身の介護者も増えている。ダブルケアと並べて扱うのは紛らわしいのだが，このような独身の介護者のことをシングルケアラーという。結婚して子どもをもつことを当たり前の人生として考えるなら，ダブルケアは誰もが直面し得る問題といえる。だが，実際は結婚して子どもをもつということ自体が自明ではなくなっている。結婚や子育ては自分の将来として実感がわかないが，老親介護は現実的な問題として不安に感じるという人もいる。労働政策研究・研修機構（2020b）の分析によれば，独身時代に老親の介護を担った女性は結婚する確率が低下する。ダブルケアという既婚女性の重いケア負担はもちろん重要な問題であるが，シングルケアラーは結婚のチャンスすら逃してしまう可能性がある。

以下では，このダブルケアとシングルケアラーを題材に，同じ年齢で介護に直面しても，そのときの生活状況が異なれば，両立支援のニーズは異なることを示したい。というのは，ダブルケアも独身での介護も介護者の年齢との関係では同じ介護リスクであるからだ。たとえば40代で介護に直面すると想定した場合，30代後半までに結婚をして子どもが生まれていたらダブルケアラーになり，独身のまま40代を迎えればシングルケアラーになる。つまり，ダブルケアラーとシングルケアラーはともに未婚化・晩婚化という社会的趨勢がもたらした介護問題という意味で表裏の関係にある。しかし，ダブルケアラーとシングルケアラーでは，求める両立支援に違いが生じ得る。

ダブルケア問題を体系的に整理した相馬・山下（2017）は，ダブルケアと仕事の両立支援を，第１ステージの子育てと仕事の両立支援，第２ステージの介護と仕事の両立支援につづく第３ステージに位置づけて，ダブルケアの視点から両立支援を見直すことを提唱している。ダブルケアラーは，育児と介護という性質の異なるケアを同時に担うため，育児・介護のどちらか一方のみの場合に比べて仕事との両立にともなう負担が重くなる。それだけでなく，仕事と育児・介護という３つの役割をマネジメントしなければならないという意味で，両立が複雑になる。相馬・山下（2017）は，その問題の核心を以下のように要約している。

「ダブルケアの特徴は，育児と介護の異なるニーズを同時に満たすことを要求されることにある。そして，ダブルケアに従事する人は常に介護と育児のどちらを優先させるかの選択を日々迫られ，介護と子育てに関わる決断をしなければならない。介護と育児の優先順位は，ダブルケアラーの意図だけでなく規範，資源，制度によって規定されている。規範とは，介護や子育ては誰がすべきかという社会的な「通念」であり，私たちの行動やあり方に影響をもつ。資源とは，友人や親族や地域のネットワーク，あるいは地域におけるサービスの利用可能性などであり，そのような資源の多寡もダブルケアの状況や優先順位に影響する。そして制度も中性的ではない。制度もそれぞれに「意図」があり，人々の生活や人生の選択を制限し，時には拡大する。たとえば地域における保育供給不足のために，もっと介護をしたくても育児に集中せざるを得ず，育児がストレスになったり，介護は身内がすべきという親族の期待にこたえ，子育てを優先したいにもかかわらず，介護をしているため負担感が強いなどのケースがある」（相馬・山下，2017 p.71）。

相馬・山下（2017）は，ケアマネジャーやホームヘルパーが介護だけでなく育児の話も聞いてくれて助かったというエピソードを紹介しつつ，一般的には「介護支援者は介護（高齢者）だけ，子育て支援者は子育て（親子）だけをみるのでも大変な仕事量をかかえており，またそれぞれの対象者しか見えにくいのが現状である。また，行政窓口も所管別に対応することが多い」（相馬・山下，2017 p.71）という問題を指摘する。つまり，ダブルケアラーにとっては，介護と育児と仕事の交通整理を行えるための相談機能が重要であるといえる。第５章で取り上げた相談の仕組みの重要性が特に高いといえる。

一方，シングルケアラーの場合は，職場の仕事を１人で担当しているために介護があっても仕事を代わってくれる人がいないことや，介護サービスの利用時間に不便を感じているといった物理的な支援環境が離職意図と結びつきやすい。こうしたシングルケアラーの離職リスクは有配偶者と異なる。有配偶者は，主介護者という役割や，要介護者との関係，家族・親族が介護者の相談相手になってくれる，職場で私生活を話せる雰囲気があるというように，物理的な環境よりは家族や職場での人間関係が離職意図に影響している（労働政策研究・研修機構，2020b pp.76-77）。

さらに，シングルケアラーは自身で生計費を稼ぎ家計を維持しないといけない割合も高い。有配偶女性のダブルケアの場合，複合的なケア役割の集中という意味では重い負担に苦しむことになるが，伝統的な性別役割に即して考えるなら，家計維持するための収入（稼得）の面では夫に期待することができる。一方で，シングルケアラーの場合は男女にかかわらず，配偶関係にもとづく稼得とケアの分業ができない。したがって，有配偶のダブルケアラーの場合には，介護と育児のケア役割を同時に行うために短時間勤務という形で仕事の負荷を減らすという方法を採り得るが，シングルケアラーは収入が減る短時間勤務という選択はしにくいだろう。

要するに，介護者の生活状況が多様化することによって，仕事と介護の両立支援のニーズが多様化する。ここでは話を単純化して，伝統的な夫婦の性別役割にもとづくダブルケアと，実家から独立した生計を営む独身者という対比をしたが，実際は，夫婦の家計分担は一様ではないし，親の経済力に頼ることができるシングルケアラーもいる。さらにいうとシングルマザーのダブルケアラーもいる。そのように考えると，一口に仕事と介護の両立支援といっても，個々の従業員から企業が求められる支援は十人十色になるだろう。

介護者の生活状況が多様化するということは，別の見方をすれば，どのような生活状況にあっても介護から逃れることはできない可能性が高まりつつあるということでもある。今後のさらなる少子高齢化により配偶者や子どもの有無だけでなく，様々な要因が絡み合う複雑な介護問題に従業員は直面することになるだろう。企業はその多様な両立支援ニーズをとらえるアンテナを張っておく必要がある。

3 要介護者とのかかわり方の多様性

(1) 献身的介護と自立重視的介護

日本社会全体の人口構成として介護者が不足していくと，介護サービスにも家族との介護分担にも頼ることができずに一人で介護と向き合う単身介護者が増える可能性がある。企業は，そのような介護者を支援しきれるだろうか。

かつて介護は「大きな犠牲と献身を介護者に強いる労働」として，その特徴が語られ，その帰結として「『病人が先に逝くか，自分が先に倒れるか』，介護者はギリギリのところで生きている」（春日，2001 pp.121-122）という重い介護負担が問題とされていた。こうした献身的な介護が，今日でも介護疲労や介護ストレスをもたらしていることは第1章でみたとおりである。また，重い介護疲労を感じた状態で勤務することによって仕事の能率が低下するプレゼンティーズムの問題も第4章で取り上げた。

要介護者においても，何でもしてあげる介護は依存を強め，元々はできたこともしなくなって身体機能がますます低下する，つまり要介護度が高くなっていくことになりかねない。これは要介護者の健康にとって好ましくないだけでなく，介護保険財政の面からみても望ましくない。

献身的に老親の介護をする子どもの姿は親孝行に映るかもしれないが，長期的にみるとそのような介護は望ましいとはいえないのである。要介護者が自分でできることは自分でさせた方が良いという新しい考え方が今日では広がりつつある。しかし，そうはいっても，義務感や愛情の問題として，要介護者を放ってはおけないということはあるだろう。要介護者と適切な距離を取ることができずに一人で献身的に介護をする，そのような介護者が増えていくとしたら，企業としては，そのニーズに応えていく必要が生じる。

たとえば，1つの仮説として，短時間勤務のニーズが高まる可能性を考えることができるだろう。現在の育児・介護休業法は，短時間勤務を単独では義務化しておらず，所定外労働の免除によって，実労働時間の短縮を可能にしている。短時間勤務制度は，フレックスタイムや時差出勤と並ぶ選択的措置義務であるが，フレックスタイムや時差出勤は，所定労働時間の長さは通常のままであり，出退勤時刻だけを変更する制度である。短時間勤務は必須の制度とは考えられておらず，特別な事情がある場合に限定した措置という位置づけである。つまり，現在の育児・介護休業法は，所定労働時間は勤務するが，所定外労働はしないという形で，仕事と介護の線引きをしている。しかし，今後は，その線引きの基準が変わり，所定労働時間緒短縮が必須となるといえるだろうか。第3章では「介護の再家族化」を背景に排泄や入浴等の身体介護を担いながら就業できる両立支援の充実を今後の課題として指摘した。そのような文脈で，短時間勤務の必要性は高まるだろうか。

結論を先に述べるなら，そのようになる可能性は低いようだ。理由は家族同士の関係にある。労働政策研究・研修機構（2020b）によれば，かつていわれた献身的な介護者は少数派であり，多くは要介護者の自立を重視し，要介護者自身にできることは自分でさせるという姿勢で介護をしている[2]。

図表6-4をみよう。雇用されて働く介護者全体としては，自立重視の方が多数派である。「献身的」（11.9％）と「やや献身的」（21.2％）を合計すると33.1％であるのに対し，「自立重視」（25.2％），「やや自立重視」（41.7％）を合計すると66.9％になる。概ね7対3の割合で自立重視の方が優勢といえる。

性別や介護者本人の年齢による差は明確には表れておらず，献身的介護より自立重視的介護の割合が高い。だが，その中でも男性より女性，60代より40代以下の方がやや自立重視の傾向が強い。

注目したいのは，家族主義的な介護役割意識の者でも自立重視が多数派ということである。ここでいう家族主義は，入浴や食事等の日常生活の介護を「すべて家族」か「家族中心」で行うことを望ましいとする意識であるが，「献身的」（12.8％）と「やや献身的」（22.3％）の合計割合は35.1％に過ぎない。残りの約65％は家族主義でありながら自立重視である。外部の専門家に委ねるよりは家族が介護を担うべきと考えているが，要介護者のために何でもしてあげているわけではないという距離感がある。

ただし，要介護状態が重くなると，自立重視とはいっていられなくなる。要

図表6-4　要介護者とのかかわり方―性・年齢・雇用形態・介護役割意識別―

	献身的介護		自立重視的介護		N
	献身的	やや献身的	やや自立重視	自立重視	
全体	11.9%	21.2%	41.7%	25.2%	671
男性	12.8%	24.9%	40.3%	22.0%	305
女性	11.2%	18.0%	42.9%	27.9%	366
40代以下	9.3%	25.0%	38.4%	27.3%	172
50代	11.2%	17.8%	44.9%	26.2%	321
60代	15.7%	23.6%	39.3%	21.3%	178
要支援1	13.2%	15.8%	42.1%	28.9%	38
要支援2	9.6%	17.3%	46.2%	26.9%	52
要介護1	5.2%	12.2%	43.5%	39.1%	115
要介護2	6.5%	18.3%	47.1%	28.1%	153
要介護3	12.1%	24.2%	45.2%	18.5%	124
要介護4	16.5%	31.6%	41.8%	10.1%	79
要介護5	31.7%	31.7%	19.0%	17.5%	63
認知症の見守り必要	13.5%	20.0%	41.9%	24.5%	155
見守り不要	11.8%	27.1%	40.0%	21.2%	170
認知症なし	11.3%	18.8%	42.5%	27.5%	346
介護役割意識					
家族主義	12.8%	22.3%	38.7%	26.2%	282
中立	8.3%	16.7%	46.9%	28.1%	96
脱家族主義	12.3%	21.5%	43.0%	23.2%	293

分析対象…自分もしくは配偶者の親を介護している雇用就業者

注：家族主義…日常生活の介護について「すべて家族」「家族が中心」
　脱家族主義…日常生活の介護について「すべて専門家」「専門家中心」
　中立…日常生活の介護について「半分ずつ」
　献身的…不自由がないように何でも手助けする
　自立重視…なるべく手助けしないで要介護者自身にさせる

出所：労働政策研究・研修機構（2020b）pp.40-41をもとに筆者作成

介護度が5の場合には献身的介護の方が多数である[3]。「献身的」（31.7%）と「やや献身的」（31.7%）の合計割合は6割（63.4%）になる。要介護4の場合も「献身的」（16.5%）と「やや献身的」（31.6%）の合計が半数近い（48.1%）。だが，要介護3の場合は「献身的」（12.1%）と「やや献身的」（24.2%）で合

図表6-5　要介護状態区分別の状態像

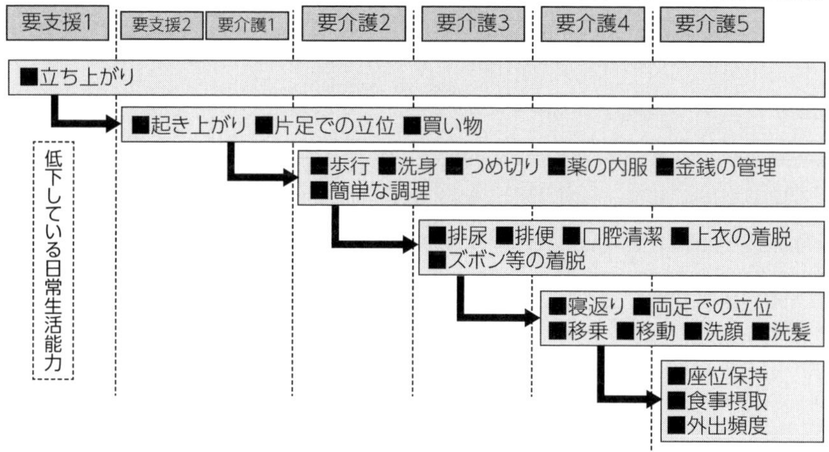

注：各要介護度ごとの全74項目の調査項目において，
・介助の項目（16項目）で，「全介助」又は「一部介助」の選択肢
・能力の項目（18項目）で，「できない」又は「つかまれば可」等の選択肢
・有無の項目（40項目）で，「ある」（麻痺，拘縮等）等の選択肢
を選択している割合が80%以上になる項目について集計
出所：厚生労働省老人保険課「要介護認定の仕組みと手順」p.11

計36.3%であり，これ以下の要介護度は自立重視的介護の方が優勢である。

ここで，要介護度が上がるとどの程度要介護者の身体的自立性が損なわれるか，確認しておきたい。**図表6-5**で要介護度の区分別に低下している日常生活能力（つまり，自分ですることができない日常生活動作）を示しているが，要介護５は「座位保持」「食事摂取」「外出頻度」の面で日常生活能力が低下し，要介護４以上では「寝返り」「両足での立位」「移乗」「移動」「洗顔」「整髪」ができなくなる。１つ下の要介護３では「排尿」「排便」「口腔清潔」「上衣の着脱」「ズボン等の着脱」ができなくなる。

この点を踏まえて，再び**図表6-4**をみると，着がえやトイレでの排泄に介助が必要な状態（つまり，要介護３）であっても，自立重視的介護の方が優勢であり，寝返りや立つことができなくなる状態（つまり，要介護４）でも半数は自立重視，座っていることができずに食事も自分でできないという状態（要介護５）でも自立重視的介護が36.5％（自立重視17.5％＋やや自立重視19.0％）いると理解すると，かなりの程度で要介護者の自立を重視しているといえるだろう。

こうした自立重視の介護は，冷たいという印象をもたれるかもしれない。介護者が自分本位に楽をしているという見方もできるだろう。要介護者にあまり手を貸さない介護を平山（2014・2017）は「ミニマムケア」と呼んで，息子による老親介護の特徴，つまり男性的な介護の特徴としている。確かに，介護者本位の過度な自立重視は要介護者に孤独・孤立をもたらし，適切なケアを受けられないという問題にもなり得る。ネグレクトのような問題にもつながる。その意味で，過剰なケアが望ましくないのと同じように，過少なケアも望ましくない。

しかし，多くの高齢者はケアを必要とする場合であっても，自立した大人であるという認識をもつことは重要である。第１章で言及した子どものケアと大人のケアの違いを思い出そう。育児においては１～２時間であっても子どもを一人で置いておくことはできない。この１～２時間を調整するために時間単位の休暇や短時間勤務のニーズが発生する。一方，高齢者介護においては，身体の不自由があっても多少は一人でいることができるというケースが少なくない。それほど重い要介護状態でなければ自分でできることもある。

介護保険制度は「自立支援」を理念としているが，手厚い介護を受けることで依存を強めるのではなく，損なわれていない身体機能は維持し，リハビリ等による機能回復も図りながら，高齢者が自分でできることを支援していく方向で介護を提供している。そして，家族介護においても，献身的介護は長続きしないという問題意識から，つまり介護の持続可能性の観点から，要介護者の自立性を重視する考え方が広がりつつある。

献身的介護と自立重視的介護の対比は，介護とのかかわり方が多様化していることを表している。介護は義務や愛情にもとづく献身的労働と一概にいえなくなってきているのである。ある介護専門職の女性は，自身の父親の介護においても要介護状態が重くならないよう，要介護者に手を貸し過ぎないようにしていると筆者に語っていた。「心を鬼にして」そのようにしているという。要介護者に愛情があるがゆえに，要介護者が極度に衰弱することがないよう，要介護者自身にできることは自分でさせるという考え方である。そのような考え方に共感できるという人もいれば，そうではない人もいるだろう。要介護度が低くても献身的な介護者はいる。それだけ，家族介護についての考え方が多様化しているのである。

しかし，今日の働く介護者の多数派は自立重視であり，特に要介護度が低いときには，その姿勢が強いという事実は重要である。要介護度４や５であっても，自立重視の介護者が少なからずいる。前述のように自立を強調しすぎることにも問題はある。だが，仕事との関係においては，それだけ要介護者から離れて仕事に時間と労力を割こうとする介護者が少なくないという見方もできる。この点を次に取り上げる。

⑵　自立重視的介護と短時間勤務

要介護者に対する献身的な態度は，勤務時間を短縮して介護に時間を割くという働き方に表れる。その観点から，短時間勤務のニーズを**図表6-6**に示す。端的にいって，自立重視に立脚した新しい家族主義意識のもとでは短時間勤務のニーズが高まる可能性は低い。「家族主義」であっても「自立重視」の場合は短時間勤務をしている割合が6.3%と低い。さらに，短時間勤務をしていない介護者の中でその必要性を感じている割合も「家族主義」かつ「自立重視」である場合は14.8%と低くなっている。

なお，「脱家族主義」の場合は「献身的」か「自立重視」かを問わず短時間勤務をしている割合は10%未満と低い。短時間勤務をしていないがその必要性を感じている割合も20%未満である。「家族主義」の「自立重視」における短時間勤務のニーズは，「脱家族主義」と同程度に低いのである。専門的な介護サービスを利用せずに家族が介護をするようになっても自立重視的介護であれば，介護サービスを利用する場合と同様に短時間勤務を必要としないといえる。

第３章では要介護者を一人にしないという考え方で短時間勤務をするか介護サービスを追加する事例を紹介した。だが，要介護者が一人でいられるのであれば，勤務時間と介護サービスのトレードオフは生じないのである。

図表6-6　要介護者とのかかわり方別　短時間勤務とその必要性の有無割合
―家族と外部の専門家の介護役割意識別―

		短時間勤務の有無				短時間勤務の必要性有無		
		短時間勤務している	していない	所定労働時間不定	N	必要ある	必要ない	N
全体	献身的	17.2%	66.5%	16.3%	209	26.6%	73.4%	139
	自立重視	7.8%	77.5%	14.7%	423	18.0%	82.0%	328
日常生活の介護								
家族主義	献身的	23.7%	63.4%	12.9%	93	44.1%	55.9%	59
	自立重視	6.3%	81.6%	12.1%	174	14.8%	85.2%	142
中立	献身的	21.7%	60.9%	17.4%	23	21.4%	78.6%	14
	自立重視	9.0%	76.1%	14.9%	67	25.5%	74.5%	51
脱家族主義	献身的	9.7%	71.0%	19.4%	93	12.1%	87.9%	66
	自立重視	8.8%	74.2%	17.0%	182	18.5%	81.5%	135

短時間勤務の必要性は現在短時間勤務を「していない」と「所定労働時間不定」が回答

注：家族主義…日常生活の介護について「すべて家族」「家族が中心」
　脱家族主義…日常生活の介護について「すべて専門家」「専門家中心」
　中立…日常生活の介護について「半分ずつ」
　献身的…不自由がないように何でも手助けする
　自立重視…なるべく手助けしないで要介護者自身にさせる

出所：労働政策研究・研修機構（2020b）p.42

⑶　遠距離介護と転勤問題を考える

短時間勤務と同じ発想で遠距離介護と転勤問題についても，要介護者の自立性を見極めて判断することが重要である。郷里に住む老親を遠距離で介護することは地理的移動の面で介護者に重い負担をもたらす。同居や近居に比べて，事故や健康状態悪化等の緊急事態に即座に対応できないという不安も強い。

しかし，そのことから離職して郷里での再就職を考えるのは早計である。また，遠距離介護を避けるために転勤の免除を申し出る介護者もいる。献身的に介護をする責任感から，頻繁に帰郷して，要介護者ができるだけ不自由のない生活を送ることができるようサポートしようと思ったら，遠距離介護は困難が多い。体力も交通費もいつまで続くか分からない。なるべく要介護者の近くにいて介護に対応できるようにしたいと思うのは自然なことである。

その一方で，すぐに同居や近居をしないで，しばらくは遠距離介護を続けるという選択をする介護者もいる。実際，要介護状態にあっても一人暮らしをしている高齢者は珍しくない。労働政策研究・研修機構（2013）のYBさん（男性）の事例を紹介しよう。

保険会社に勤務するYBさんはいわゆる転勤族のため，大阪に住む父が認知症を発症した当初は遠距離介護であった。認知症の父を一人にしておくのは心配だったため，施設への入所を考えたが，父は自宅に住むことへのこだわりが強く，その意思を無視して施設に入れることは望まなかったため，独身で一人っ子のYBさんは滋賀や静岡の支店に勤務しながら遠距離介護を続けた。当時の父は判断能力が落ちてきてはいたものの，火の不始末等はなく，一人で食事をし，トイレにも歩いて行き，一人暮らしができる状態だった。その後に実家から通える大阪の支店に転勤となって同居を始め，その後はずっと同居している。その後，要介護状態は重くなり，一人暮らしはできなくなっているため，仕事が続く限り遠距離介護で対応するということは現実的ではない。また，一人暮らしの間にトラブルが起きたこともある。そういった意味で，遠距離介護の負担は軽くはない。しかし，それでもいきなり同居という選択をするのではなく，要介護者が一人で生活できるなら，その前提で仕事と介護の両立のあり方を考えることにより，本人は単に離職を回避して仕事を続けられるだけでなく，それまでのキャリアを継続して追求することができる。

育児・介護休業法は「事業主は，従業員に就業場所の変更を伴う配置の変更を行おうとする場合に，その就業場所の変更によって介護が困難になる従業員がいるときは，当該従業員の介護の状況に配慮しなければならない」（第26条）と定めている。一般に「転居転勤配慮義務」と呼ばれているが，この規定は，転居をともなう転勤（転居転勤）を望まない従業員の申し出を聞き入れて転勤させないことを企業に求めてはいない。企業に求められるのは「介護の状況に配慮」することであるため，転居転勤したくないという希望を出しても，企業の総合的判断により転勤辞令が下ることはある。

しかし，要介護状態が同じであっても，献身的介護と自立重視的介護では，転居転勤によって介護が困難になると感じる程度に差があって当然である。自立重視的介護であれば容認できる転居転勤であっても，献身的介護では容認できないということになる。労使のトラブルにおいては，献身的介護が目立つため，そこへの配慮に企業は神経を使うことだろう。だが，現実的にどちらが多数かといえば，要介護状態が重くないときには自立重視が多数である。要介護状態が重くなれば，その関係が逆転する。この点に留意して遠距離介護に対応した転勤の管理を行うことが重要であるといえる。

日本において介護の脱家族化（社会化）が求められた背景にあった伝統的な家族介護観は，「家族主義」かつ「献身的」な介護に当たる。介護の再家族化は，そうした親密な家族介護による重い介護負担に再び家族が苦しみ，これを支援する企業の負担も重くなるという懸念を惹起する。しかし，大多数の介護者において，それは杞憂に終わる可能性があるといえる。

4　これからの家族介護と企業の役割

(1)　新しい家族主義の時代へ

少子高齢化により，家族でも地域社会でも，介護の担い手は不足していく。そのときに地域の介護サービスを使えないのであれば，代わりに家族が介護をしないといけないという発想では，仕事と介護の両立はどんどん難しくなっていくに違いない。物理的な人数の問題として，これからの社会では，介護をする人が少なくなっていく。にもかかわらず，誰かが介護をしないといけないという考え方では手詰まりになる。

そこで，発想を転換し，誰も介護をする人がいないという状態をどの程度受け入れるかという問題を考えることが今後は重要になるだろう。介護支援は自助－互助―共助―公助というサブシディアリティ原則があるという話を紹介したが，互助（家族）と共助（介護保険）の支援が不足していく今後は，要介護者自身の自助に頼る部分が増えていくといういい方ができる。しかし，そうはいっても，過度に自助・自立を重視すると，必要な介護を受けられないという事態になるおそれがある。適切なケアを受けることができなければ，要介護者の生活が脅かされるだけでなく，介護を担う家族も中長期的には仕事に出ている場合ではなくなるだろう。

要介護者に密着しすぎも良くないが，離れすぎも良くない。適度な距離を保つことが重要であるが，この「適度な」ということが難しい。その判断基準を開発していくことが重要である。介護保険制度の要介護認定でいえば，要介護度が４や５になると自立重視とはいっていられなくなる様子がデータからうかがえる。その場合は短時間勤務が必要になるだろう。勤務地についても配慮が必要になるかもしれない。反対に，要介護度が３以下であれば，短時間勤務に当たる１～２時間なら一人で過ごせる可能性が高い。その場合は通常勤務をした方が良いといえる。もちろん症状によって同じ要介護度でも実態は多様である。当事者の声をもとに総合的に判断していく必要がある。

ポイントは要介護状態にあっても一人でできることは何かを見定めることである。要介護状態になると，もともとの健康な状態から「できなくなった」ことに目が向きがちである。そうなると要介護者も家族も不安になる。しかし，部分的に身体機能が低下していても「できること」はある。身体が動かなくても，一人で家族の帰りを待つことはできるという人もいる。第１章でみた「一人でいられる能力」も含めて「できること」があるなら，そこは要介護者自身に委ねるという考え方をすることによって仕事の責任を果たす，そのような発想で今後の仕事と介護の両立支援のあり方を考えていくことが重要である。

2000年に始まった介護保険制度は「介護の脱家族化」（社会化）を実現し，家族を重い介護負担から解放するシステムとして期待された。だが，実際はそこまで脱家族化は進まず，反対に「介護の再家族化」が進みつつある。今後においても介護保険制度の財政制約にともなう介護サービスの供給不足により，「介護の再家族化」はますます進むと予想される。しかし，これにより働く介護者に短時間勤務のニーズが拡大する可能性は低い。所定労働時間を短くしてまで献身的に介護をするような介護者は多くないからである。その意味で，介護の再家族化は，介護保険制度による脱家族化以前の献身的な家族介護に回帰するものではなく，要介護者の自立を重視する新しい家族主義へと向かうという展望をもつことができる。

⑵ 介護支援と就業支援

企業においては，両立支援制度の利用にあたり，介護へのコミットメントを過度に助長することなく，自身の仕事やキャリアを介護のために犠牲にすることがないように支援することが重要となるであろう。もちろん短時間勤務や転居転勤の免除が必要な場面はある。しかし，いきなりそのような強い労働供給制約を受け入れるのではなく，要介護者の状態をみながら，まずは通常の勤務をしながら介護に対応することを試み，時間の経過にともなって介護負担が重くなっていったときには短時間勤務や転居転勤の免除等の方法で仕事の負荷を減らす，というように柔軟に対応していくことが重要である。

従業員にとっても仕事と介護の責任をともに果たすために，介護休業や短時間勤務等の両立支援制度をとにかく利用できれば良いという単純な話ではない。もちろん両立支援制度を必要とする場面はあるが，要介護者と自立的な関係を保ち，通常の勤務をしながら仕事と介護の両立を図ろうとする介護者が実は少なくない。両立支援制度を利用するのではなく，通常の働き方の範囲で相談に乗るということで回避できる困難もある。

仕事と介護の両立支援には，働きながら介護をすることを支援する「介護支援」と，介護をしながら働くことを支援する「就業支援」の両面がある。少子高齢化によって介護に引き寄せられる力が増していく今後は就業支援の意識を強くもつことが重要だろう。介護の事情は様々であるし，対応に迫られる事態も様々に起きるが，これによって家族介護者の就業機会が過度に制限されることがないよう支援することが重要である。

そのため前章までに繰り返し述べたことではあるが，介護に直面しても慌てることなく仕事ができるよう，従業員の希望に応じて残業せずに定時退勤したり，休暇を取ったりできる環境を日頃からつくっておくことが重要である。多くの職場では何も理由をいわずに残業を免除されたり休暇を取ったりすることは難しいだろう。なぜ残業できないのか，休暇を取るのか，その理由を気兼ねなく話せる職場では介護のことも話せるに違いない。その意味で，コミュニケーションをとりながら働き方・休み方を改革していくことが重要である。

このような取組みを通じて，介護に限らず，多様な課題に直面した従業員が企業のみえないところで悩みを抱え込むことなく，自ら職場に事情を伝え，上司や同僚との対話を通じて問題を解決できるようになれば，介護問題という枠を越えて多様な人材が活躍できるダイバーシティ経営につながることだろう。

POINTS

- ◆ 現役世代の人口減少にともなって，一人で介護を担う単身介護者が増えれば，男性も女性と同じように離職する可能性が高まる。
- ◆ 育児と介護を同時に担うダブルケアラーと独身で介護を担うシングルケアラーのように，同じ年齢で介護に直面しても，その周辺の生活が多様化することによって，両立支援のニーズも多様化する。
- ◆ 介護へのコミットメントを過度に助長して仕事やキャリアを介護のために犠牲にすることがないように両立支援制度を運用することが重要。

注

1　ダブルケアというのは和製英語であり，相馬・山下（2017）によれば2012年頃から使われ始めたとされる。英語では育児と介護に挟まれているという意味でsandwich generation（サンドイッチ世代）という。

2　この調査では，現在介護をしている要介護者とのかかわり方について，次のＡとＢのどちらに近いかを質問している。「Ａ：多少でも要介護者に不自由がないように何でも手助けをする」「Ｂ：なるべく手助けをしないで要介護者自身にできることは自分でさせる」。Ａを「献身的介護」(devoted caring)，Ｂを「自立重視的介護」(autonomous caring）と呼んでいる。

3　なお，重度の認知症の場合は，行動面で目が離せないということがよくいわれるが，認知症による見守りの有無による明確な差はみられない。その理由として，質問文の「手助けをする」という表現が身体機能の補助という意味合いで理解された可能性もある。

参考文献

井口高志（2007）『認知症家族介護を生きる――新しい認知症ケア時代の臨床社会学』東信堂

井口高志（2010）「支援・ケアの社会学と家族研究――ケアの『社会化』をめぐる研究を中心に」『家族社会学研究』第22巻２号，pp.165-176

池田省三（2002）「介護保険の思想とシステム」大森彌編著『高齢者介護と自立支援――介護保険の目指すもの』ミネルヴァ書房，pp.115-143

池田心豪（2010）「介護期の退職と介護休業――連続休暇の必要性と退職の規定要因」『日本労働研究雑誌』No.597，pp.88-103

池田心豪（2013）『仕事と介護の両立支援の新たな課題――介護疲労への対応を』JILPT Discussion Paper 13-01

池田心豪（2014a）「介護疲労と休暇取得」『日本労働研究雑誌』No.643，pp.41-48

池田心豪監修（2014b）『サラリーマン介護――働きながら介護するために知っておくこと』法研

池田心豪（2016）「在宅介護の長期化と介護離職――労働時間管理と健康管理の視点から」『季刊労働法』No.253，pp.51-63

池田心豪（2017）「長期在宅介護に対応した仕事と介護の両立支援」佐藤博樹・武石恵美子編著『ダイバーシティ経営と人材活用――多様な働き方を支援する企業の取り組み』東京大学出版会，pp.283-301

春日キスヨ（2001）『介護問題の社会学』岩波書店

春日キスヨ（2010）『変わる家族と介護』講談社

菅万里・梶谷真也（2014）「公的介護保険は家族介護者の介護時間を減少させたのか？――社会生活基本調査匿名データを用いた検証」『経済研究』第65巻４号，pp.345-361

菊池潤（2012）「介護サービスは家族による介護を代替するか」井堀利宏・金子能宏・野口晴子編『新たなリスクと社会保障――生涯を通じた支援策の構築』東京大学出版会，pp.211-230

木下衆（2020）『家族はなぜ介護してしまうのか―認知症の社会学』世界思想社

黒田祥子（2014）「中間の年齢層の働き方――労働時間と介護時間の動向を中心に」『日本労働研究雑誌』No.653，pp.59-74

厚生省（1978）『昭和53年版 厚生白書』

厚生労働省（2014）『介護離職を予防するための職場環境モデル――仕事と介護を両立できる働き方の方策』平成25年度仕事と介護の両立支援事業

厚生労働省（2016a）『企業における仕事と介護の両立支援実践マニュアル――介護離職を予防するための仕事と介護の両立支援対応モデル』平成27年度仕事と介護の両立支援事業

厚生労働省（2016b）『仕事と介護の両立モデル――介護離職を防ぐために』平成27年度仕事と介護の両立支援事業

厚生労働省（2018a）『仕事と介護　両立のポイント――あなたが介護離職しないために（概要版）』平成29年度仕事と介護の両立支援事業

厚生労働省（2018b）『市町村・地域包括支援センターによる家族介護者支援マニュアル――

介護者本人の人生の支援』平成29年度介護離職防止のための地域モデルを踏まえた支援手法の整備事業

厚生労働省（2020）『育児・介護休業法のあらまし（令和３年１月１日施行対応版）』パンフレット13

厚生労働省雇用均等・児童家庭局（2008）『今後の仕事と家庭の両立支援に関する研究会報告書――子育てしながら働くことが普通にできる社会の実現に向けて』

厚生労働省雇用均等・児童家庭局（2012）『平成24年版働く女性の実情』

厚生労働省雇用均等・児童家庭局（2015）『今後の仕事と家庭の両立支援に関する研究会報告書』

厚生労働省社会保障審議会（2017）『第145回社会保障審議会介護給付費分科会資料　区分支給限度基準額』

厚生労働省老健局（2018）『公的介護保険制度の現状と今後の役割』

齋藤純子（2009）「ドイツの介護休業法制」『外国の立法』No.242，pp.71-86

齋藤純子（2012）「ドイツにおける介護休業制度の拡充――家族介護時間法の制定」『外国の立法』No.252，pp.187-204

斎藤真緒（2015）「家族介護とジェンダー平等をめぐる今日的課題――男性介護者が問いかけるもの」『日本労働研究雑誌』No.658，pp.35-46

佐伯あゆみ・大坪靖直（2008）「認知症高齢者を在宅で介護する家族の家族機能と 主介護者の介護負担感に関する研究」『家族看護学研究』第13巻３号, pp.132-142

坂爪洋美・高村静（2020）『管理職の役割（シリーズダイバーシティ経営）』中央経済社

佐藤博樹・武石恵美子編（2014）『ワーク・ライフ・バランス支援の課題――人材多様化時代における企業の対応』東京大学出版会

佐藤博樹・武石恵美子編（2017）『ダイバーシティ経営と人材活用――多様な働き方を支援する企業の取り組み』東京大学出版会

佐藤博樹・松浦民恵・池田心豪（2015）『介護離職を予防するための両立支援対応モデルと実証実験』第10回今後の仕事と家庭の両立支援に関する研究会,資料１

佐藤博樹・松浦民恵・池田心豪（2017）「従業員への介護情報提供と就業継続意識――「介入」による実証実験」佐藤博樹・武石恵美子編著『ダイバーシティ経営と人材活用――多様な働き方を支援する企業の取り組み』東京大学出版会，pp.263-281

佐藤博樹・矢島洋子（2014）『介護離職から社員を守る――ワーク・ライフ・バランスの新課題』労働調査会

佐藤博樹・矢島洋子（2018）『新訂 介護離職から社員を守る――ワーク・ライフ・バランスの新課題』労働調査会

財務省主計局（2017）『第23回社会保障ワーキング・グループ　会議資料』

椎葉怜子（2017）「テレワークで介護と仕事の両立を！」東京都 家庭と仕事の両立支援応援ポータルサイト　https://www.katei-ryouritsu.metro.　tokyo.lg.jp/kaigo/columns/c-7/index.html（最終閲覧2020年11月30日）

渋谷智子（2018）『ヤングケアラー――介護を担う子ども・若者の現実』中央公論新社

清水谷諭・野口晴子（2005）「長時間介護はなぜ解消しないのか？――要介護者世帯への介護サービス利用調査による検証」『経済分析』No.175，pp.1-32

下夷美幸（2015）「ケア政策における家族の位置」『家族社会学研究』第27巻１号，pp.49-60
新川敏光（2014）『福祉国家変革の理路――労働・福祉・自由』ミネルヴァ書房
相馬直子・山下順子（2017）「ダブルケア（ケアの複合化）」『医療と社会』第27巻１号，pp.63-75
袖井孝子（1989）「女性と老人介護」マーサ・N・オザワ，木村尚三郎，伊部英男編『女性のライフサイクル――所得保障の日米比較』東京大学出版会，pp.127-149
袖井孝子（1995）「介護休業制度の現状と課題」『日本労働研究雑誌』No.427，pp.12-20
津止正敏・斎藤真緒（2007）『男性介護者白書――家族介護者支援への提言』かもがわ出版
東京大学政策ビジョン研究センター健康経営研究ユニット（2016）『健康経営評価指標の策定・活用事業成果報告書』
内閣府（2016）『経済財政運営と改革の基本方針2016――600兆円経済への道筋』
内閣府（2017）『平成29年版高齢社会白書（全体版）』
内閣府（2020a）『令和２年版高齢社会白書（全体版）』
内閣府（2020b）『令和２年版少子化社会対策白書（全体版）』
直井道子・宮前静香（1995）「女性の就労と老親介護」『東京学芸大学紀要』No.46，pp.265-276
西久保浩二（2015）『介護クライシス――日本企業は人材喪失リスクにいかに備えるか』旬報社
西本真弓（2012）「介護のための休業形態の選択について――介護と就業の両立のために望まれる制度とは？」『日本労働研究雑誌』No.623，pp.71-84
日本経済団体連合会（2018）『仕事と介護の両立支援の一層の充実に向けて――企業における「トモケア」のススメ』
平山亮（2014）『迫りくる「息子介護」の時代――28人の現場から』光文社
平山亮（2017）『介護する息子たち――男性性の死角とケアのジェンダー分析』勁草書房
藤崎宏子（2002）「介護保険制度の導入と家族介護」金子勇編著『高齢化と少子社会』ミネルヴァ書房，pp.191-222
藤崎宏子（2009）「介護保険制度と介護の『社会化』『再家族化』」『福祉社会学研究』No.6，pp.41-57
前田信彦（1998）「家族のライフサイクルと女性の就業――同居親の有無とその年齢効果」『日本労働研究雑誌』No.459，pp.25-38
前田信彦（2000）「日本における介護役割と女性の就業」『仕事と家庭生活の調和――日本・オランダ・アメリカの国際比較』日本労働研究機構，pp.51-pp.67
松浦民恵・武石恵美子・朝井由紀子（2015）「ケアマネジャーによる仕事と介護の両立支援の現状」『日本労働研究雑誌』No.658，pp.66-79
三菱UFJリサーチ＆コンサルティング（2013a）『平成24年度両立支援ベストプラクティス普及事業（企業アンケート調査結果）』
三菱UFJリサーチ＆コンサルティング（2013b）『仕事と介護の両立に関する労働者アンケート調査（結果概要）』
三菱UFJリサーチ＆コンサルティング（2018）『通所介護に関する調査研究事業報告書』
矢島洋子（2015）「仕事と介護における『両立の形』と『企業に求められる両立支援』」『日

本労働研究雑誌』No.658，pp.47-65
大和礼子（2008）『生涯ケアラーの誕生―再構築された世代関係/再構築されないジェンダー関係』学文社
山口麻衣（2004）「高齢者ケアが就業継続に与える影響――第１回全国家族調査（NFR98）２次分析」『老年社会科学』第26巻１号，pp.58-67
横山文野（2002）『戦後日本の女性政策』勁草書房
労働省婦人局編（1993）『介護休業制度等に関するガイドライン』労働基準調査会
労働省婦人局編（1994）『介護休業制度について――介護休業専門家会合報告書』大蔵省印刷局
労働政策研究・研修機構（2006a）『仕事と生活の両立――育児・介護を中心に』労働政策研究報告書，No.64
労働政策研究・研修機構（2006b）『介護休業制度の利用拡大に向けて――「介護休業制度の利用状況等に関する研究」報告書』労働政策研究報告書，No.73
労働政策研究・研修機構（2007）『仕事と生活――体系的両立支援の構築に向けて』第１期プロジェクト研究シリーズ，No.7
労働政策研究・研修機構（2013）『男性の育児・介護と働き方――今後の研究のための論点整理』JILPT資料シリーズ，No.118
労働政策研究・研修機構（2015）『仕事と介護の両立』労働政策研究報告書，No.170
労働政策研究・研修機構（2016）『介護者の就業と離職に関する調査』JILPT調査シリーズ，No.153
労働政策研究・研修機構（2017a）『育児・介護と職業キャリア――女性活躍と男性の家庭生活』労働政策研究報告書，No.192
労働政策研究・研修機構（2017b）『ヨーロッパの育児・介護休業制度』JILPT資料シリーズ，No.186
労働政策研究・研修機構（2020a）『家族の介護と就業に関する調査』JILPT調査シリーズ，No.200
労働政策研究・研修機構（2020b）『再家族化する介護と仕事の両立』労働政策研究報告書，No.204
ワーク・ライフ・バランス＆多様性推進・研究プロジェクト（2014）『「ワーク・ライフ・バランス管理職に関する条件調査」報告結果の概要』
ワーク・ライフ・バランス＆多様性推進・研究プロジェクト（2015）『介護の課題を抱える社員や将来抱える可能性の高い社員に対する支援のあり方――仕事と介護の両立に関する2014年調査』
ワーク・ライフ・バランス推進・研究プロジェクト（2012）『従業員の介護ニーズに企業はどう対応すべきか――従業員の介護ニーズに関する調査報告書』
ワーク・ライフ・バランス推進・研究プロジェクト（2013）『仕事継続を可能とする介護と仕事の両立支援のあり方――従業員の介護ニーズに関する調査報告書』
Esping-Andersen, Gøsta (1990) *Three Worlds of Welfare Capitalism*, Polity（＝2001，岡沢憲芙・宮本太郎監訳『福祉資本主義の三つの世界――比較福祉国家の理論と動態』ミネルヴァ書房）

Esping-Andersen, Gøsta (1999) *Social Foundation of Postindustrial Economics*, Oxford University (＝2000, 渡辺雅男・渡辺景子訳『ポスト工業経済の社会的基礎――市場・福祉国家・家族の政治経済学』桜井書店)

Ikeda, Shingou (2016) "Addressing the Issue of Fatigue among Working Carers: The Next Challenge after Reforming the Family Care Leave System," *Japan Labor Review*, 13 (2), pp.111-126

Ikeda, Shingou (2017a) "Family Care Leave and Job Quitting Due to Caregiving: Focus on the Need for Long-Term Leave," *Japan Labor Review*, 14 (1), pp.25-44

Ikeda, Shingou (2017b) "Supporting Working Carers' Job Continuation in Japan: Prolonged Care at Home in the Most Aged Society", *International Journal of Care and Caring*, 1 (1), pp.63-82

Kröger, Teppo & Sue Yeandle (2013) *Combining Paid Work and Family Care: Policies and Experiences in International Perspective*, Policy

Ungerson, Clare (1987) *Policy is Personal: Sex Gender and Informal Care*, Tavistock (＝1999, 平岡公一・平岡佐智子訳『ジェンダーと家族介護――政府の政策と個人の生活』光生館)

Winnicott, Donald W (1965) *The Maturational Processes and Facilitating Environment*, Hogarth (＝1977, 牛島定信訳『情緒発達の精神分析理論――自我の芽生えと母なるもの』岩崎学術出版社)

索　引

◆ 英数 ◆

2016年改正法……………………107

◆ あ行 ◆

アブセンティーズム……………12, 118
アメリカ……………………………34
アングロ・サクソン…………………34
安定期………………………………39
イギリス……………………29, 31, 34
育児・介護休業法…………1, 108, 163
育児休業……10, 12, 29, 40, 92, 96, 126 132
遠距離介護……………………………14

◆ か行 ◆

介護期間………………83, 105-107, 109
介護休暇……………………………95, 117
介護休業……………………34, 85, 117
介護休業期間……11, 58, 60, 64, 66, 71, 79
介護事業所……………………………93
介護者支援…………………………6, 18
介護者の高職位性……………………14
介護に直面した従業員への支援‥‥134, 135
介護に直面する前の従業員への支援
……………………………134, 135
介護の再家族化……………94, 97, 171
介護の社会化………………27, 36-39
介護の脱家族化………………100, 171
介護のマネジメント………54, 100, 101
介護疲労……………………113, 124
介護保険サービス…………84, 88, 101
介護保険制度…………37, 138, 166, 171
介護役割……………………95, 97, 101
介護離職ゼロ…………2, 3, 11, 28, 144
介護離職のない社会を目指す会………3
介護老人保健施設……………84, 87, 91
回復期…………………………………39
核家族化………………………………39
隠れ介護…………………10, 132, 133
家族主義………………………………97
カミングアウト……………24, 142, 144
がん……………………………41, 78
急性期…………………………………39
共助……………………36, 94, 100, 170
居住系サービス………………………87
居宅サービス………………84, 85, 87, 88
勤務時間短縮等の措置……………88, 109
空間的分離性……………………14, 19
グループホーム…………………85, 87
ケアプラン………18, 61, 67, 85, 145, 146
ケアマネジャー……18, 21, 24, 96, 112, 124, 145, 146, 148, 149, 151, 160
経済負担の予測困難性……………13, 16
健康問題………17, 18, 23, 105, 113-116, 120, 124, 125, 149
献身的………42 46, 162-164, 166-171, 173
公助…………………………………94, 170
高齢化率………………………4, 27-30
高齢者介護政策…………28, 30, 36, 100
互助…………………………94, 100, 170
子育て支援………………8, 16, 33, 97
今後の仕事と家庭の両立支援に関する研究会……………………………55, 58

◆ さ行 ◆

在宅介護………………………………85
裁量労働制……………………………109
サブシディアリティ原則…………94, 170

残業免除……………14, 50, 108, 123, 127
三世代同居……………8, 33, 35
時間的予測困難性……13, 16, 41, 105, 127
自己決定……………36, 47, 48
時差出勤……………109, 163
自助……………94, 170
次世代育成支援対策推進法……………32, 96
施設介護……………16, 19, 48, 61, 87, 106
施設サービス……………38, 84, 87
実態把握……………134, 135
社会民主主義……………33, 34
就業継続支援……………67
就業支援……………65, 96, 97, 172
自由主義……………33, 35
終末期……………34, 78, 79
主介護者……14, 39, 79, 117, 119, 155, 157
出生率……………29-31
情報提供……………136, 137, 141, 151
ショートステイ……………17, 70, 85, 91
所定外労働の免除……………59
所得ロス……………70
自立支援……………36, 166
自立重視……46, 163, 165-167, 169, 171, 173
シングルケアラー……………159, 160, 161
深夜介護……………124
スウェーデン……………29, 34
生活時間配分……16, 17, 22, 23, 40, 104, 115, 120, 124, 128
正常な人間像……………45
制度設計・見直し……………134, 135
性別役割……………121, 161

◆ た行 ◆

ターミナルケア……………62
大介護時代……………154
ダイバーシティ経営……………1, 6, 29
ダブルケア……………8, 21, 159-161
団塊の世代……………4, 24, 30, 57, 153
短期滞在系サービス……………86
短時間勤務…87, 88, 109, 111, 117, 163, 167, 171
単身介護……………155, 157, 158
男性介護……………21
男性介護者……4, 6, 31, 39, 40, 118, 121, 156
男性介護者と支援者の全国ネットワーク……………6
弾力的勤務……………29
地域包括支援センター……85, 124, 138, 139, 147, 151
地域密着型サービス……………38, 84, 85
長期休業……………34
通所介護……………85, 89
通所系サービス……………86, 88
デイケア……………78, 85, 117
デイサービス……………70, 85, 90, 91, 124
テレワーク……………29, 53, 72, 111
転居転勤配慮義務……………169
ドイツ……………34
同一就業継続割合……………107
投資効果の差異……………14
同時多発性……………13, 19
特別養護老人ホーム……28, 38, 84, 85, 87, 106
トリプルダウンサイジング支援社会……19

◆ な行 ◆

中抜け……………68
日常的な介護…39, 54-56, 73, 77, 81, 82, 99, 100, 101, 117
日本型福祉社会……………33, 35, 39
入所系サービス……………87
人間関係……………18, 24
認知症……41, 61, 62, 90, 115, 117, 120, 124
認知症介護……………21
年次有給休暇……10, 50, 56, 61, 72, 76, 113, 136
脳血管疾患…41, 43, 61, 62, 85, 95, 115, 134
ノーワーク・ノーペイ……………71

◆ は行 ◆

働き方・休み方……113, 130, 142, 143, 150, 151, 172

働き方改革…………6, 128, 134, 135, 143
バリアフリー……………………61, 85
一人でいられる能力………………42, 43
被保険者………………37, 90, 92, 93, 101
複雑な当事者性………………14, 17, 148
福祉体制…………………………33, 48
福祉レジーム………………………33
負担逓増性………………………14, 16
プレゼンティーズム………………118
フレックスタイム…31, 50, 88, 89, 109, 163
保育サービス…………18, 29, 40, 92, 96
訪問介護………………39, 70, 84, 85, 88
訪問系サービス…………………86-88
ホームヘルパー………32, 87, 91, 112, 160
北欧…………………………………34
保険者……………………………37, 93
保守主義…………………………33, 34
ホスピス……………………………62
骨太の方針2016………………2, 11, 28

◆ ま行 ◆

ミニマムケア………………………166
息子介護…………………………21, 40

◆ や行 ◆

ヤングケアラー………………………8
有期契約労働者………………………9
要介護者との葛藤………………14, 17
要介護認定‥61, 66, 84, 85, 90, 101, 146, 171

◆ ら行 ◆

ライフイベント…………95, 128, 143, 150
離職防止………………………28, 114
老衰…………………………………62
労働時間管理…………105, 112-114, 124

◆ わ行 ◆

ワーク・ライフ・バランス………29, 31

■著者紹介

池田心豪（いけだ・しんごう）

労働政策研究・研修機構（JILPT）主任研究員。

専門は職業社会学。

著書に『労働・職場調査ガイドブック―多様な手法で探索する働く人たちの世界』（共編著，中央経済社，2019年），『非典型化する家族と女性のキャリア』（共著，労働政策研究・研修機構，2018年）など。

内閣府「男女共同参画第５次基本計画策定専門調査会　基本構想ワーキング・グループ」（2020年度）構成員，厚生労働省「仕事と育児の両立支援に係る総合的研究会」（2017年度），「今後の仕事と家庭の両立支援に関する研究会」参集者（2014～15年度）などを務める。

■責任編集者紹介

佐藤博樹（さとう・ひろき）

中央大学大学院戦略経営研究科（ビジネススクール）教授。東京大学名誉教授。

専門は人的資源管理。

著書に『新訂・介護離職から社員を守る』（共著，労働調査会，2018年），『人材活用進化論』（日本経済新聞出版，2012年），『職場のワーク・ライフ・バランス』（共著，日本経済新聞出版，2010年）など。

兼職として，内閣府・男女共同参画会議議員，内閣府・ワーク・ライフ・バランス推進官民トップ会議委員，経済産業省・新ダイバーシティ経営企業100選運営委員会委員長など。

武石恵美子（たけいし・えみこ）

法政大学キャリアデザイン学部教授。博士（社会科学）。

専門は人的資源管理論，女性労働論。

著書に『キャリア開発論』（中央経済社，2016年），『国際比較の視点から日本のワーク・ライフ・バランスを考える』（編著，ミネルヴァ書房，2012年），『雇用システムと女性のキャリア』（勁草書房，2006年）など。

兼職として，厚生労働省・労働政策審議会の障害者雇用分科会，雇用環境・均等分科会，人材開発分科会，経済産業省・新ダイバーシティ経営企業100選運営委員会委員など。

シリーズ　ダイバーシティ経営
仕事と介護の両立

2021年2月20日　第1版第1刷発行

責任編集　佐藤博樹
　　　　　武石恵美子
著　者　池田心豪
発行者　山本継
発行所　㈱中央経済社
発売元　㈱中央経済グループパブリッシング

〒101-0051　東京都千代田区神田神保町1-31-2
電話　03 (3293) 3371(編集代表)
　　　03 (3293) 3381(営業代表)
https://www.chuokeizai.co.jp
印刷／㈱堀内印刷所
製本／㈲井上製本所

ISBN978-4-502-36921-6　C3034